Kolofon

©Mathias Jansson (2017)

"Memes, mikronationer och tatueringar – essäer om samtidskonst"

ISBN: 978-91-86915-34-6

Utgiven av:

"jag behöver inget förlag"
c/o Mathias Jansson
Tvärvägen 23
232 52 Åkarp
http://mathiasjansson72.blogspot.se/

Tryckt: Lulu.com

Omslag: Meme av Mona Lisa. (Lunapic style)

Essäerna har tidigare varit publicerade i Tidningen Kulturen.

Innehåll

Konstnären som äger det svartaste svarta i konsten 3

Spegelvärldar - den självreflekterande konsten 6

Ända in i kaklet! - simbassänger i konsten 11

Konsten som illusion 15

Hudnära konst 19

Ett litet land av konst 25

Det bultande hjärtat 30

Bädda ner dig i konstens säng 35

Virala memelingar 40

Falskspelare och mördare i konsten 59

Scambaiting- den bluffande konstnären 65

Skor, kängor och stövlar i konsten 75

Dr. Agnews bröstoperation 81

Crowdfunding i konsten 89

Konstnären som äger det svartaste svarta i konsten

Till konstvärldens förtret har konstnären Anish Kapoor exklusiv rätt till det svartaste svarta i konsten. Han äger sedan 2014 rätten att använda *Vantablack* som kan absorberar 99.96% av allt ljus. Materialet är framställt av ett företag i England och består av små nanorör och var från början tänk att användas inom försvarsindustrin. Kapoor lyckades köpa rätten att som enda konstnär i världen få använda *Vantablack*. Precis som *International Klein Blue* (IKB), som är ett blått färgpigment framställt och patenterat av konstnären Yves Klein tänker sig Kapoor att bli förknippad med det svartaste svarta. Stuart Semple, en annan konstnär, retade sig så mycket på Kapoors exklusiva rättigheter till *Vantablack* att han skapade *Pink*, världen mest rosa pigment, som vilken konstnär i hela världen kan köpa utan just Kapoor. Men låt oss stanna kvar vid det svarta i konsten.

Kazimir Malevitj målning *Svart kvadrat på vit botten* från 1915 är ett av suprematismen viktigaste verk men kan också betraktas som startskottet för den svarta målningen i modernismen. Robert Rauschenberg gjorde mellan 1951-1953 en serie med svarta målningar som består av lager med tidningspapper på en duk som sedan har målats över med högblank eller matt svart färg vilket skapar olika texturer och variationer. Konstnären Ad Reinhardt ägnade de sista 10 åren av sitt liv fram till sin död 1967 åt att måla svarta kvadrater i Malevitjs anda. Precis som Malevitj vill han skapa ett nytt måleri och hitta tillbaka till en ny andlig dimension i måleriet.

Listan på konstnärer som gjort svarta tavlor kan fyllas på. Mellan 1958 och 1960 skapde Frank Stellas en svart serie där han målade svarta tavlor som han sedan fyllde med vita linjer i form av rektanglar. Cy Twombly och Robert Motherwell är två andra konstnärer som dyker upp när man söker efter svarta målningar. Begreppet svarta målningar är nu lite flytande. Det är sällan frågan om rakt igenom svarta målningar, utan det kan också röra sig om konstverk som domineras av mörkgrått eller mörkblått som ser ut som svart på avstånd. Gerhard Richters konstverk *Doppelgrau (Double Grey)* är ett exempel. Verket består av fyra stora diptyker, tvådelade tavlor där två mörkgråa nyanser ställs mot varandra. De högblanka konstverken fungerar också som speglar som reflekterar omgivningen.

För vad är egentligen det svarta i konsten om inte en reflektion av det djupa och det okända i livet? Det svarta kan fungera som en meditativ rymd, som ett mörker fyllt med mysterier. Det är som att stirra ner i skogstjärnens oändliga djup bara för att se sin egen spegelbild i vattenytan. På så sätt representerar det svarta i konsten det existentiella och det andliga i samma tradition som Malevitj suprematiska målning *Svart kvadrat på vit botten*.

Men vad har då Kapoor använts *Vantablack* till? Den första april 2016 berättade media att Kapoor hade målat sin berömda skulptur *Cloud gate* (2006) i Chicago i *Vantablack*. Skulpturen som tidigare bestod av ett stort silverfärgat moln som reflekterar omgivningen hade nu blivit svartaste svart. Det hela var förstås ett aprilskämt för i praktiken är *Vantablack* inte riktigt lämpat för att användas för att måla stora skulpturer med eftersom det inte är ett pigment utan ett nano-material.

Att just Kapoors har köpt rättigheterna till de svartaste svarta i konsten är kanske inte så underligt. I hans konstnärskap kan man hitta en fascination för svarta hål och svarta former. I verket *Descent Into Limbo* (1992) har han skapat illusionen av ett svart hål i golvet och i verket *Descension* (2014) har han byggt en svart vattenvirvel som hypnotiskt drar ner besökarens blick i en svart avgrund. Svarta cirklar, hål och fyrkanter återkommer också i flera andra av Kapoors verk.

För det är väl med svärtan i konsten som Erik Blomberg skriver i en känd dikt från 1920, att utan det svarta och mörka har vi svårt att uppskatta det ljusa:

"Var inte rädd för mörkret,
ty ljuset vilar där.
Vi ser ju inga stjärnor,
där intet mörker är. "

Spegelvärldar - den självreflekterande konsten

"I used to live in a room full of mirrors / All I could see was me / Then I take my spirit and I smash my mirrors / And now the whole world is here for me to see" sjunger Jimi Hendrix i låten *Room Full of Mirrors*. Det är textrader som på många sätt fångar upp spegelns betydelse i konsten. Spegeln symboliserar en form av narcissistisk självreflektion men den kan också användas för att spegla omgivningen och världen.

Myten om Narcissus, den vackre ynglingen som blev förälskad i sin egen spegelbild, är ett populärt motiv i konsten. Självupptagenheten av den egna selfien är också ett tema som är aktuellt i vår egen samtid. På Caravaggios målning från cirka 1599 ser vi hur Narcissus hänförd stirrar ner på sin egen spegelbild i en mörk skogstjärn. Under olika epoker har motivet skildrats i olika stilar som John William Waterhouse prerafaelitiska målning *Echo and Narcissus* (1903) till Salvador Dalí surrealistiska målning *Metamorphosis of Narcissus* (1937). Det som är gemensamt för alla dessa konstverk är Narcissus spegelbild som reflekteras i vattenytan.

Förutsättningen för att man som konstnär ska kunna måla ett självporträtt är också att man har en spegel som man kan titta i. Du har kanske noterar att blicken hos konstnären i självporträtten nästan aldrig är riktad rakt fram mot betraktaren utan sneglar åt sidan. Det beror på att konstnären har tittat i en spegel som stått bredvid honom när han målat av sig själv. I Johannes Gumpps målning *Självporträtt med spegel och staffli* (1646) ser vi hur detta fungerar i verkligheten. I målningen återfinns konstnären i tre versioner. Längst fram i bilden står han med ryggen mot betraktaren, på staffliet håller han på att måla sitt självporträtt och i spegeln ser vi hans spegelbild nästan i profil. Salvadore Dali gjorde runt 1974 också ett självporträtt med en spegel. Målningen visar hur konstnären sitter längst fram i bilden på en stol framför sitt staffli. Framför spegeln sitter en kvinna med ryggen mot betraktaren. Både kvinnan och Dalis ansikten reflekteras i spegeln, så spegeln med sin ram blir den plats där själva självporträtten strålar samman. Spegeln i tavlan kan på ett intressant och lekfullt sätt berätta om något som du egentligen inte kan se i bilden. Om inte spegeln hade funnit i Dalis målning så hade vi bara sett personernas ryggar.

I samtidskonsten används spegeln främst i installationer för att bygga upp rum och skapa illusioner. Konstnären verkar nästan som en trollkarl som använder sig av speglar för att lura vår syn. Utanför Luleå ligger Treehotel som erbjuder sina gäster boende i speciellt utformade kabiner uppe bland träden. Ett av rummen man kan hyra kallas *The mirror cube* och består av en kub med spegelväggar på utsidan som kamouflerar stugan och nästan får den att försvinna bland trädtopparna. I alla fall skapas illusionen av att kuben svävar uppe bland träden. Samma princip har Phillip K Smith III använt när han byggde sin stuga i Joshus Tree nationalpark i Kalifornien. På stugans fasad har varannan horisontell bräda på huset byts ut mot speglar. Även dörr och fönster består av speglar, så det skapas en illusion av att brädorna på fasaden hänger i luften och huset nästan är genomskinligt. Ännu ett exempel på spegelhus är konstnären Doug Aikens byggnad som också återfinns i Kalifornien. Huset är inspirerat av arkitekten Frank Lloyd Wright och har en fasad av speglar vilket skapar en känsla av en hägring där det ligger och "dallrar" i ökenlandskapet.

Som konstnär kan man också använda spegeln som en målarduk. När Daniel Kukla uppehöll sig under mars månad 2012 i Joshus Tree, fascinerades han av landskapets växlingar. Han fångade in dessa naturmotiv genom att använda ett staffli och en spegel, där naturen reflekteras i spegeln. Sedan fotade han av spegeln och staffliet i naturen. Det intressantaste i Kuklas motiv är inte vad vi ser framför oss utan det som finns bakom oss och som reflekteras i spegeln.

På samma sätt använder Anish Kapoor spegeln som en målarduk i det offentliga verk *Sky Mirror*. Det består av en sex meter bred konkav spegel som är riktad mot himlen och som fångar upp och speglar vad som händer ovanför oss. Den har bland annat installerats nedanför Rockefeller Center i New York där den speglar skyskrapans torn och himlen ovanför. Himmelspegeln blir ett ständigt växlande konstverk som förändras medan molnen drar förbi på himlen.

Listan på konstnärer som använder sig av speglar kan göras lång. Man kan nämna Jeppe Hein som bland annat skapat en spegellabyrint i New York som består av smala speglar som är uppsatta i tre kurvor som går in i varandra. Precis som Kapoors spegel reflekteras New Yorks skyline i labyrinten men den skapar också en fragmenterad och förvirrande verklighet för besökaren. Att skaka om betraktarens självbild är något som återkommer i Heins spegelverk. I *Mirror canvas* (2011) har konstnären använt sig av spegelfolie med diagonala veck som skapar en störd vågliknande reflektion i spegeln. Verket anspelar på konstnärens Lucio Fontanas serie med målningar från 1950-talet där Fontana gjorde snitt i målarduken för att på så sätt skapa en tredimensionell yta av en platt målarduk. Även i Heins *Mirror Wall* (2010) skakas verkligheten bokstavligen om när du tittar in i spegeln. Spegeln börjar nämligen vibrera när du står framför den och skapar på så vis en suddig och obeständig reflektion av verkligheten.

Men drottningen av spegelvärlden är nog den japanska konstnären Yayoi Kusama som förutom sina prickar har gjort sig känd för sina många spegelinstallationer. Redan 1965 skapade hon verket *Infinity Mirror Room — Phalli's Field* i New York. Installationen bestod av ett spegelrum som skapar en oändlig reflektion av ett rum fyllt med polkaprickiga fallossymboler.

Kusamas spegelinstallationer är som gjorda för att tillmötesgå dagens besökares omättliga behov att ta en selfie, det vill säga om du hinner, för hennes verk är ofta så populära att museerna begränsar tiden på hur länge besökaren kan stanna i spegelvärlden. En besökare som nyligen besökte Hirshhorn

Museum i Washington blev lite för ivrig över att föreviga sig själv att han snubblade och föll på en av Kusamas keramikskulpturer av en glödande pumpa som gick sönder. Hela händelsen påminner om myten om Narcissus som var så självupptagen att han blev förälskad i sin egen spegelbild och glömde världen omkring sig, eller för att åter citera Jimi Hendrix *"I used to live in a room full of mirrors / All I could see was me / "*

Ända in i kaklet! - simbassänger i konsten

Simbassängerna låg uppradade i dalen som en flod som ledde ända fram till huset. När Burt Lancaster dyker upp i början av filmen *The Swimmer* från 1968 har han bara badbyxorna på sig. Han befinner sig hos några bekanta som har ett poolparty när han får idén att simma hem genom grannarnas simbassänger till sitt eget hus. Under dagen träffar han gamla och nya bekanta och simbassängerna blir den röda tråden som binder ihop alla dessa möten som utgör handlingen i filmen.

Kanske simmade Lanchester under dagen i några simbassänger från 1950-talet som till formen påminner om den pool som konstnärerna Elmgreen & Dragset 2016 installerade på högkant vid Rockefeller Center i New York. Konstnärerna kallar sitt verk för *Van Gogh's Ear* (2016) för att poolen på högkant påminner om ett öra och en anspelning på konstnären Vincent van Gogh som enligt legenden skar av en del av sitt öra. Under sin karriär har Elmgreen & Dragset återvänt till poolen i sin konst. En av deras första skulpturer bestod till exempel av en trampolin som idag finns som ett permanent verk i Louisiana Museums samlingar där den är installerade utanför ett fönster i museet.

På Venedigbiennalen 2009 gjorde Elmgreen & Dragset verket *Death of a Collector* där de lät en kostymklädd vaxdocka ligga och flyta med huvudet nedåt i en liten pool. Innan samlaren, får man anta, tagit sitt liv och dränkt sig i poolen har han ställt sina skor och sockor på poolkanten. Konstnärerna verkar inte ha så höga tankar om konstsamlare om jag tolkar verket rätt. Till Yokohama Triennalen i Japan 2008 skapade duon verket *Catch Me Should I Fall* där en ung rädd pojke i badbyxor står högt uppe på en trampolin ovanför en liten rund pool. Poolens storlek och djup gör att ett hopp från den höga trampolinen mer påminner om ett cirkusnummer i en tecknad film än något man skulle göra i verkligheten. Verket kan också tolkas som en symbol för det ganska skrämmande hoppet eller steget in i vuxenvärlden där man hoppas att någon annan fångar upp en om man skulle falla.

Om du har flugit över Los Angeles eller sett filmer där man gör en överflygning av staden har du säkert noterat att det finns gott om simbassänger i staden. När den brittiska konstnären David Hockney flög över staden i början på 1960-talet så fascinerades han också av det vackra vädret och alla simbassängerna han såg från flygplansfönstret. Simbassängerna kom att bli en viktig motivkrets i hans konstnärskap. I verk som *A Bigger Splash* (1967) och *Peter Getting Out of Nick's Pool* (1966) är de privata poolerna som står i centrum. Poolmotivet följer med in på sjuttiotalet med verk som *Portrait of an Artist (Pool with two figures)*, (1972). Intresset för pooler har också lett till att Hockney dekorerade riktiga pooler. 1988 målade han hela bassängbotten på Hollywoods Roosevelt Hotel med blå halvcirklar. Tydligen fanns det en lokal lag om att det var förbjudet att dekorera botten på en bassäng men innan kommunen började måla över konstverket blev man upplyst av en konstsamlare att Hockneys dekoration förmodligen var värt en miljon dollar och kommunen tog då sitt förnuft tillfånga och ändrar på den lokala stadgan.

En sommardag 1952 bad Henri Matisse sin assistent Lydia Delectorskaya att ta med honom till en simbassäng för att studera människor som simmade och dök. Efter besöket beslöt sig Matisse för att skapa sin egen pool och satte upp vita papper i ögonhöjd längs väggarna till hans matsal vid Hôtel Régina i Nice. Här skapade sedan Matisse ett platsspecifikt pappersklippverk där han klippte ut blå figurer av kroppar som simmade och dök i vattnet tillsammans med olika havsdjur. Det hela blev ett dynamiskt verk som löpte runt hela rummet och fick betraktaren att känna att han befann sig i ett poolområde. MOMA köpte verket 1975 och det betraktas idag som ett av Matisses viktigaste pappersklippverk.

Att se människor som obehindrat går omkring på botten av en pool utan att drunkna är en optisk illusion som Leandro Erlich lyckats skapa i sin installation *Swimming Pool* (1999). Här kan besökaren genom en dörr komma in till poolens botten som är torr, men ovanför dem finns ett glastak täckt med vatten. Besökare som befinner sig på poolkanten ser vattenytan och hur människor rör sig på botten som om de levde under vattnet. Erlich har även gjort andra märkliga konstverk där han som en illusionist utnyttjar speglar för att få det att se ut som om besökarna hänger på fönsterkarmen eller våghalsigt klättrar på höga hus.

Annars är det i öknen man brukar bli lurad av optiska illusioner i form av hägringar. Den som vandrar omkring i Mojave öknen kanske snubblar över en simbassäng långt från vägar och bebyggelse. Det är nu ingen illusion utan konstverket *Social Pool* av Alfredo Barsuglia. Poolen är ganska liten 3x1,5 meter och du behöver en nyckel för att öppna den som du kan hämta på MAK Center i Los Angeles. Anledningen till att poolen är låst med ett lock är förmodligen att den är obevakad och man inte vill att varken skräp eller djur ska ramla ner i den och drunkna. Poolens reningsverk drivs av solceller och hela konstverket är gjort i en minimalistisk stil. Det ligger också lång från konstscenens pulserande centrum så det krävs en del ansträngning att hitta dit. Den som ändå lyckas ta sig dit kan uppleva något exklusivt. Jag kan bara tänka mig hur det skulle vara att ligga i poolen på kvällen omgärdad av mörkret och titta upp på stjärnorna. En konstupplevelse man inte lär glömma i första taget.

Konsten som illusion

Runt 400 f.kr fanns det två mycket duktiga grekiska målare som alltid tävlade mot varandra om vem som kunde efterlikna naturens bäst. En dag bestämde dem sig för att anordna en tävling och en gång för alla avgöra saken. På tävlingsdagen hade de färdigställt var sin målning som doldes av ett draperi. Målaren Zeuxis började med att avtäcka sitt verk och ett sus drog genom publiken. Zeuxis hade nämligen målat ett körsbärsträd som såg så verkligt ut att man kunde ta på det. Medan man stod där och beundrade trädet kom en fågel och försökte förgäves att landa i trädet för att äta av bären. Publiken var enig om att ett sådant mästerverk hade man aldrig tidigare skådat. Zeuxis vände då sig till sin konkurrent, målaren Parrhasios och bad honom dra för sitt draperi och visa vad han hade åstadkommit.

Parrhasios bara log och sa lite syrligt att dra undan draperiet det kunde Zeuxis själv göra om han var så otålig. Segerviss spatserade då Zeuxis bort till draperiet sträckte fram handen och tänkte just dra bort det då han hejade sig. Han lät handen sjunka ner och vände sig om mot Parrhasios och sa med beundran i rösten:
– Du vinner. Min målning lurade visserligen en fågel att tro att trädet var äkta, men du lurade en mästares öga.
Vad hade hänt? Jo, det fanns naturligtvis inget draperi, bara en målning av draperiet och Zeuxios hade lurats att tro att det var äkta.

Idag pratar vi om virtuella verkligheter, precis som om det var frågan om någon ny teknisk innovation, men anekdoten om Zeuxis och Parrhasios visar att konstnärer sedan lång tillbaka i tiden har arbetat med att skapa illusioner och virtuella verkligheten. Nu skulle vi visserligen uppleva målningar gjorda under antiken av rum som ganska platta och med felaktiga proportioner. Det dröjde till början av 1400-talet innan arkitekten Filippo Brunelleschi skapade centralperspektivet som gjorde att man med matematisk exakthet kunde skapa målningar där proportionerna och perspektivet var korrekta så att det blev en illusion av djup i bilden.

I t ex freskomålningen *Överlämnandet av himlens nycklar* från 1482 som finns i Sixtinska kapellet och som är målad av Pietro Perugion kan vi se hur byggnader och människor är mindre desto längre bort dem är. Det finns proportioner som skapar en realistisk känsla av djup och avstånd i bilden. Torgets rutnät hjälper till att förstärka den illusionen. Det dröjde inte länge innan konstnärerna började utnyttja de nya idéerna för att sammansmälta verklig arkitektur med virtuell. I Villa Farnesina har konstnären Baldassare Peruzzi gjort en målning som vid första anblicken är svår att upptäcka eftersom den smälter in i den övriga arkitekturen. Vi ser ett rum med en balkong som öppnar sig ut mot det italienska landskapet. I själva verket är det ett arkitektoniskt slutet rum, pelarna, balkongen och landskapet som vi tror oss se är bara en illusion, en målning. Peruzzis målning är bara ett exempel på hur konstnärer under historien har brutit upp väggen med sina målningar och öppnar upp för en virtuell veklighet.

Under 1600-talet och barocken exalterade illusionsmåleriet. Trompe l'oeil är begreppet som brukar användas och som ordagrant betyder bedra ögat. Trompe l'oeil användes t ex i många kyrkor för att öppna upp ett fönster mot Gud. I Andrea Pozzo's takmålning i St. Ignazio kyrka från 1690-talet ser vi det typiska myllret, överflödet och rörelsen som kännetecknar barocken. Ögat söker sig upp mot den himmelska sfären, upp mot Gud. Arkitekturen och måleriet sammanflätas och spränger rummets ramar med sitt oändliga himmelsperspektiv med ett myller av änglar. Var övergången mellan arkitektur och målning finns i rummet är svårt att avgöra. Den målade arkitekturen och den riktiga arkitekturen sammanflätas, och på samma sätt är det svårt att veta om figurerna befinner sig i det virtuella eller verkliga rummet. För kyrkobesökarna borde upplevelsen av målningen vara lika fascinerande som ett besök i cyberrymdens virtuella världar är för dagens människor.

Ambitionen hos konstnärerna har alltså varit att lura betraktaren att se någon som egentligen inte finns. Det behöver nu inte alltid vara frågan om att skapa hela rum utan kan begränsa sig till arkitektoniska detaljer som fönster, dörrar, skåp, bokhyllor eller för den delen imitationer av dyrbara material. För det är ofta billigare att anlita en konstnär som målar en träpelare med marmorådringar än att köpa en äkta marmorpelare. En lustig detalj i illusionsmåleriets historia, och som kan spåras ända tillbaka till antiken är flugan som dyker upp på olika tavlor. Det ser ut som om en fluga har slagits sig ner på målningen, i och för sig inte helt otroligt, men vid en närmare granskning visar sig den tillhöra målningen. Flugan var längre tillbaka i tiden en symbol för orenhet och livets förgänglighet, men kunde längre fram också användas som ett practical joke av konstnären.

I och med fotografiets intåg i historien under 1820-talet minskade intresset hos konstnärerna att skapa perfekta illusioner av naturen. Istället var det fotografiet som gjorde det möjligt att ta ögonblicksbilder av personer och miljöer och därmed skapa exakta avbildningar av verkligheten. Konstnärerna sökte sig istället till andra inspirationskällor och det uppstod en uppsjö av ismer, t ex surrealisterna som skildrade drömlandskapet och den övernaturliga verkligheten.

Men vad hände då med illusionsmåleriet? Under 1970-talet uppstod ett nytt medium som på många sätt kom att förvalta och utveckla idén om att skapa den perfekta illusionen. I början använde man sig visserligen av en platt och 2D bildvärld men under 80-talet började man alltmer att använda sig av 3D-miljöer och i dagens grafik och virtual reality teknik är det ofta svårt att avgöra om det rör sig om veklighet eller illusion. Naturligtvis är det dataspel som jag tänker på, dataspelen är nämligen det medium som idag mest försöker förverkliga Parrhasios och Zeuxius dröm om att skapa den perfekta illusionen, där man inte längre kan avgöra vad som är verklighet eller vad som är virtuellt.

Hudnära konst

På ryggen har han en stor tatuering av en känd konstnär. När han dör kommer skinnet att skäras bort och ramas in som ett konstverk. Nej, det är inte en sammanfattning av Roald Dahls novell *Skin* från (1952) utan det är Tim Steiner som har en tatuering av den belgiska konstnären Wim Delvoye på sin rygg.

Delvoye hade tidigare tatuerat konstverk på grisar på en grisfarm i Beijing. När grisen dog av hög ålder kunde konstsamlare köpa skinnet med tatueringen och rama in den som ett konstverk. Konstnären ville nu prova och göra samma sak med en människa. Tims dåvarande flickvän som kände Delvoye tipsade honom om att konstnären sökte efter en person som vill fungera som en mänsklig duk för ett konstprojekt. Tim beslöt att ställa upp och efter två år och 40 timmars arbete hade Delvoye tatuerat ett stort motiv av en bedjande Madonna omgiven av rosor, en mexikansk döskalle, koifiskar och lotusblommor på hans ryggtavla.

Tatueringen såldes 2008 till konstsamlaren Rik Reinking för 150,000 euros. Fram till att Tim dör och verket tillfaller konstsamlaren ingår det i avtalet att Tim måste åka runt på olika gallerier minst tre gånger per år och ställer ut sig själv genom att sitta i galleriet med bar överkropp. Men hur gick det då för huvudpersonen i Roald Dahls berättelse *Skin*?

Skin handlar om Drioli, en gammal man som under ett besök i Paris passerar ett galleri där konstnären Chaim Soutine ställer ut. Drioli minns hur de umgicks i sin ungdom och hur konstnären under en blöt kväll tatuerade en målning av Driolis hustru på hans rygg. Drioli går in på galleriet och visar besökarna den makalösa tatueringen. Flera är villiga att köpa konstverket och en av dem erbjuder att genomföra en operation för att avlägsna tatueringen vilket han avråds från av de andra eftersom operationen förmodligen skulle döda honom. Då kliver en man fram och presenterar sig som ägaren till Bristol Hotel i Cannes. Han erbjuder Drioli en livstidsanställning och ett liv i lyx mot att han visar upp tatueringen för hotellets gäster. Drioli accepterar det lukrativa erbjudandet och följer med mannen. Berättelsen avslutas med att vi får reda på att det inte finns något Bristol Hotel i Cannes och att det några veckor senare dyker det upp ett konstverk av Chaim Soutine på ett galleri som är misstänkt lik tatueringen på Driolis rygg.

Tim Steiner är nu inte den enda tatuerade människa som fångat en konstsamlares intresse. Även den pensionerade läraren Geoff Ostling fick 2009 förfrågan om han ville donera sitt skinn till Australiens Nationalmuseum. Anledningen är att Geoffs helkroppstatuering är gjord av konstnären eX de Medici, en känd samtidskonstnär i Australien, som arbetar i flera olika medier från målningar till tatueringar. eX de Medici började tatuera Geoff 1988, långt innan hon slog igenom som konstnär och tatueringen har växt fram under drygt 20 års samarbete. Nationalmuseet äger redan ett tiotal verk av eX de Medici, men Geoffs tatuering kommer att vara den första som är gjord på en människas hud. I dokumentärfilmen *Skin*

(2009) berättas hela historien kring detta märkliga konstprojekt från hur det hela började tills hur det ska gå till när Geoff dör och huden tas om hand och bevaras för framtiden.

Att ställa ut hud från döda människor är förstås inte helt okontroversiellt och väcker en del etiska frågor. I fallen med Tim och Geoff har de bägge gett sitt medgivande och är införstådda med vad som kommer att hända när de dör. Men på många museer runt om i världen är man väldigt restriktiva med att ställa ut den här formen av konst. Medical Pathology Museum vid Tokyo universitet, som har en av världen största samlingar av traditionella japanska tatueringar, från mindre hudfragment till helkroppstatueringar, är till exempel inte öppen för allmänheten pga av de etiska frågorna samlingen väcker, utan riktar sig bara till forskare och läkare.

Historiskt har tatueringar varit något stigmatiserande och förknippat med brottslingar, sjömän och andra suspekta grupper. Det är först de senaste åren som tatueringar blivit accepterat i samhället och idag kan vem som helst skaffa sig en tatuering, från en medelålders hemmafru till en VD, utan att det väcker någon misstänksam. Santiago Sierra gjorde år 2000 videoverket *160 cm Line Tattooed* som plockar upp tatueringens stigmatiserande budskap. Det är dessutom ett verk som ur ett konstnärligt perspektiv känns väldigt oetiskt. Sierra betalade fyra heroinmissbrukande prostituerade kvinnor $67, vilket var priset för en injektion med heroin, för att Sierra skulle få tatuerade dem. Han radade sedan upp de fyra kvinnorna på var sin stol med naken överkropp och tatuerade en linje över deras ryggar som totalt blev 160 cm. Naturligtvis hade kvinnorna ingen möjlighet att säga nej till pengarna utan Sierra utnyttjade deras försvarslösa situation, vilket förstås var en del i det konstnärliga konceptet att visa på maktstrukturer i samhället. Året innan hade Sierra genomfört en liknande performance där han på Kuba tatuerade ett 250 cm långt streck längs ryggen på 6 unga pojkar som han också betalade för att ställa upp på detta. Även här tycker jag att Sierra utnyttjar människor och exploaterar deras tillstånd av fattigdom och utsatthet för ett konstnärligt syfte.

Det finns många kriminella grupper där tatueringar symboliserar en stark tillhörighet till en organisation eller ett gäng. Den japanska maffian Yakuzan är känd för sina vackra helkroppstatueringar medan de latinamerikanska gängmedlemmarna har en brokig men symbolladdad samling av tatueringar på kroppen och i ansiktet. Den mexikanska konstnären Renato Garza Cervera skapade ett par fällar av döda gängmedlemmars hud fyllda med tatueringar. Cervera kallar sitt verk för *Of Genuine Contemporary Beast* eftersom han ser de kriminella som djur. I galleriet ligger de som en jakttrofé, som en björn som något skjutit och sedan flått och lagt framför brasan. Det är nu inte någon riktig människohud som ligger på golvet utan läder som har behandlats för att se ut som människohud och som sedan tatuerats. Huvudet är skapat av polyester och vax, allt för att det ska se så realistiskt ut som möjligt.

Sedan finns det konstnärerna som väljer att tatuera sig själva som en del av ett konstprojekt. Konstnären Mary Coble gjorde 2008 en performance som hon kallade *Blood Script* där hon byggde vidare på tre tidigare performance där hon hade sammanställt en lista med 200 hatord och fraser som hon låtit skriva på sin hud men en penna. I *Blood Script* valde hon ut de 75 vanligaste orden och lät tatuera dem på sin hud, dock utan bläck, vilket gör att orden syns som röda märken i huden men som läker och bleknar bort inom ett par veckor.

Att tatuera sig av solidaritet för att visualisera andras smärta och sorg är också något som Wafaa Bilal har gjort i en performance med namnet *and Counting...* från 2010. Den irakiska konstnären förlorade 2004 sin bror vid en missilattack mot hans hemstad Kufa. På sin rygg hade Bilal sedan tidigare låtit tatuera in namn på flera olika irakiska städer. Under 24-timmar satt han nu med naken rygg och lät en tatuerare göra en punkt för varje person som dött i Irakkriget. En röd prick symboliserade en död amerikansk soldat medan en ultraviolett prick en irakisk medborgare. 5000 soldater beräknats ha dött att jämföra med 100.000 irakiska medborgare. De röda prickarna är de enda vi kan se med blotta ögat på konstnärens rygg, men slår man på UV-ljuset ser man också alla de civila offren. Bilal vill med sitt verk visa att det finns mycket mer under ytan än vad vi får läsa i media. Bakom varje amerikansk soldat som dött finns flera civila irakiska offer. Vem vet kanske kommer vi i framtiden att hitta

Wafaa Bilals ryggtavla på ett konstmuseum bredvid **Wim Delvoye och** eX de Medicis tatueringar.

Ett litet land av konst

I november 2016 brann Lars Vilks träskulptur Nimis vid Kullabergs naturreservat i nordvästra Skåne. Medierna spekulerade om det rörde sig om ett vanligt vandaldåd eller om det fanns en koppling till terrorism, eftersom Lars Vilks har ett pris på sitt huvud för sina karikatyrer av Muhammed som en rondellhund. Ett alternativ, som inte nämndes i medierna, var att det var en ren krigshandling. Nimis ligger nämligen i landet Ladonien som grundades 1996 av Lars Vilks. En räd in på ett främmande territorium där ett av landets mest betydelsefulla och symboliska konstverk sätts i brand skulle kunna ses som en krigsförklaring.

Ladonien tillhör den grupp av mikronationer som skapats av konstnärer. Begreppet mikronation har funnits sedan 1800-talet. Det uppkom under den period i historien då nationalstaten hade sin storhetstid. En mikronation kunde till exempel vara en liten söderhavsö, där någon excentrisk miljonär utropade sitt eget land eller kungarike. Sedan 1970-talet används det som ett samlingsnamn för alla de fiktiva länder, ofta med utopiska inslag, som skapats runt om i världen. Mikronationen består i många fall av ett litet landområde. Ladonien är bara en kvadratkilometer stort, men en mikronation kan också bestå av en övergiven oljeplattform, ett fartyg eller en virtuell värld. Ladonien och de flesta andra mikronationerna, har precis som vanliga länder en flagga, valuta, nationalsånger, ambassader i andra länder, en regering, ministrar och lagar. Det som skiljer en mikronation från en riktig nation är att den inte är erkänd av något annan stat eller organisation. Även om Ladonien säkert skulle vilja, så får man till exempel inte vara med i FN.

Det var 1996 som Ladonien utropade sig självständigt från Sverige och 2003 förklarade man krig mot Sverige och San Marino. Men tanken på landets brokiga historia med krigsförklaringar och konfrontationer med diverse myndigheter som till exempel Kronofogden som 2001 gjorde en räd in landet och stal stenstatyn Omfalos, kan man inte utesluta att attacken mot skulpturen Nimis utfördes av en främmande makt och bör betraktas som en krigshandling.

Kungariket Elgaland-Vargaland (KREV) är en annan konstnärlig mikronation. KREV grundades 1992 av de svenska konstnärerna Leif Elggren and Carl Michael von Hausswolff. Nationen gör anspråk på landområden som ingen kan sägas äga, det vill säga landområden mellan gränser som "no mans land" och internationella vatten. Även psykiska och digitala gränsområden ingår i Elgaland-Vargalands domäner. Nationen firar i år 25-årsjubileum med att ställa ut på Charlottenborgs konsthall och passade samtidigt på att öppna en ambassad i Köpenhamn där man har möjlighet att ansöka om medborgarskap. I utställningen kunde besökarna ta del av viktiga dokument, olika nationella föremål som frimärken, passtämplar, flaggor och landets nationalrätt, som är en pastarätt med solrosolja, krossad vitlök, tomatketchup och basilika, förpackade i en konservburk.

KREV är ett land som ständigt expanderar sina landområden genom samarbeten och genom att det politiska läget i världen förändras. Förra året gjorde man ett samarbete med det schweiziska dada-institutet Cabaret Voltaire och i samband med det annekterade man Schweiz gränser. Vid delningen av Sudan 2012 i Sudan och Sydsudan uppstod en ny gräns som då inkluderades i KREVs domäner. På samma sätt införlivades gränsen mellan Krim och Ukraina 2014 efter Rysslands annektering av Krimhalvön.

Den australiska konstnären Liz Stirling grundade Lizbekistan.com samma år som Lars Vilks grundade Ladonien, det vill säga 1996. Man kan konstatera att 1990-talet var de konstnärliga mikronationernas storhetstid. Anledningen var att internet börjat slå igenom och det fanns plötsligt en oändlig outforskad virtuell rymd där man kunde skapa nya världar. Lizbekistan är till skillnad från Ladonien och KREV en renodlad e-nation som bara fanns på nätet. Medborgarna hade dubbla medborgskap och det var varje medborgares plikt att se till att passkontrollanterna vid olika gränser stämplade både deras riktiga pass och deras pass från Lizbekistan. Något som amerikanska och kanadensiska tjänstemän gjorde med humor medan de franska var mer svårflörtade. Lizbekistan fick en kortvarig storhetstid, redan 1999 släckte Stirling ner landet och de tusentals medborgarna blev tvungna att se sig som e-flyktingar och försöka hitta nya nationer för sina digitala identiteter.

I början av 1990-talet började även riktiga länder att falla sönder och upplösas i Europa. Olika delar av Jugoslavien började utropa självständighet vilket sedan ledde till Kosovokriget. Medborgarskapet i Jugoslavien upphörde och ersattes med flera nya nationaliteter. Därför grundades 1999 Cyber Yugoslavia för att samla ihop alla dessa statslösa före detta jugoslaver, men också alla andra som vill ansöka om medborgarskap i den nya nationen. Landet finns bara virtuellt men ambitionen är när man har utfärdat 5 miljoner medborgarskap så ska man ansöka om att bli medlem hos FN och sedan hitta ett landområde på runt 20 kvadratmeter där man ska placera servern med landets domännamn www.juga.com.

Konstnärliga mikronationer förekommer redan på 1960-talet. Den italienska konstnären och arkitekten Giorgio Rosa byggde 1967 en plattform i havet utanför Rimini vid den italienska kusten. Till början var det tänkt att det skulle bli en turistattraktion och en nattklubb, men sedan ändrade sig Rosa och utropade nationen *Insulo de la Rozoj* ("Rosön) vars emblem består av tre röda rosor. Esperanto blev landets officiella språk men när Rosa planerade att börja trycka upp egna frimärken och en egen valuta reagerade de italienska myndigheterna. Man vill inte ha en fristat och ett skatteparadis runt knuten, så man skickade militärpolisen för att arrestera Rosa och den italienska marinen sprängde plattformen i luften. Rosöns president fick gå i exil, men drömmen om nationen lever fortfarande, bland annat som en Facebook-grupp.

Konflikter med myndigheter är inte helt ovanligt när det gäller kombinationen mikronationer och konstnärer. Den österrikiska konstnären Edwin Lipburger byggde 1971 ett hus som såg ut som en stor fotboll. Myndigheterna var inte lika förtjusta i Lipburgers kreativa byggnadskonst och ville inte ge honom bygglov utan inledde istället en rättsprocess mot konstnären. Lipburger utropade då 1976 republiken Kugelmugel som var en mikronation som bestod av hans hus och tomten på Landesstraße 4091 i Katzlesdorf. Konflikten mellan de två nationerna eskalerade därefter och slutade med att konstnären 1979 blev arresterad och fick 10 veckors fängelse. Lipburger avled 2015, men långt innan dess hade konflikten löst sig och huset flyttats till Wien där det blev en turistattraktion. Idag har Kugelmugel runt 650 invånare och republiken administreras av staden Wien. Även Lars Vilks har under flera år kämpat mot myndigheterna som anser att han skulpturer saknar bygglov och precis som Kugelmugel har även Ladonien blivit ett populärt turistmål som till slut har omfamnats av kommunens turistnäring.

Det bultande hjärtat

Dunk-dunk-dunk. Hjärtslagen blev allt högre och högre. Till slut stod han inte ut längre utan erkände för de tre poliserna att han hade dödat den gamla mannen och gömt kroppen under golvet. Edgar Allan Poes korta novell *Det skvallrande hjärtat* från 1883 handlar om ett mord. När polisen kommer till platsen beter sig mördaren iskallt och bjuder in dem till brottsplatsen. Men så börjar han höra ett ljud som växer i styrka. Det är ljudet av ett hjärta som bultar och i tron att även poliserna hör hjärtat som dunkar under golvet erkänner mannen mordet för polisen.

Kanske har konstnären Christian Boltanski läst och inspirerats av Poes novell när han skapade *Les Archives du Cœur* ett arkiv över hjärtslag. Projektet föddes 2005 i samband med att Boltanski gjorde ett projekt på den japanska ön Teshima. Sedan dess har arkivet rest runt i världen och samlat in nya hjärtljud från frivilliga personer. Minnet är ett centralt motiv i Boltanskis konstnärskap. Vi har fotografier, brev och filmer av våra släktingar, men tänk om man istället hade ett album som innehöll hjärtslag? Tänk om man kunde lyssna på sin farmors hjärtslag eller sin sons? Efter att ha experimenterat med att spelat in sitt eget hjärtljud började Boltanski fundera kring hur vi minns våra släktingar och resultatet blev ett konstprojekt där han samlade in hjärtslag från hela världen. Idag finns alla dessa hjärtslag samlade i en sökbar databas på ön Teshima. Det går att besöka arkivet och lyssna på hjärtslagen och även spela in sitt eget hjärtslag till arkivet.

"Listen to your heart / when he's calling for you. / Listen to your heart / there's nothing else you can do." sjöng popgruppen Roxette i låten *Listen To Your Heart* från 1988. Konstnären Makoto Sasaki, a.k.a. SASAKI har i över tio år bokstavligen lyssnat på sitt hjärta och sedan tolkat hjärtslagen till konstverk. Han spraymålar duken med röd färg till mönster som korresponderar med hans hjärtslag. Hans tavlor är som konstnärliga tolkningar av EKG. De senaste åren har han också börjat måla andra människors hjärtslag. Modellen får sitta på en stol med en pulsmätare runt handleden och hjärtslagen förstärks och spelas sedan upp i en högtalare medan SASAKI målar det han hör. Målningarna blir till en form av porträtt där han i realtid lyssnar på personens hjärtslag och överför ljudvågorna till duken. Varje människa och situation är unik och därför blir också varje målning annorlunda.

Företaget Sound Wave Art har gjort det till ett kommersiellt koncept att överföra människors hjärtljud till ett visuellt mönster i form av ljudvågor. Ett smycke runt halsen med ditt barns första hjärtslag i mammans mage eller ett porträtt över sängen med din älskades pulsslag är några av de produkter man kan beställa från deras hemsida. Hjärtslag brukar ha en lugnande effekt och en del menar att det beror på att det är bland de första ljud vi hör när vi som foster ligger i mammans mage. Nyfödda barn brukar känna sig trygga när de ligger på mammans bröst och lyssna på hennes hjärtslag. Senare i livet kan hjärtslagen få en mer mångfacetterade betydelse och få oss att känna oss både stressade eller oroliga. Vad det där ett dubbelslag eller?

Konstnären Rafael Lozano-Hemmer skapade 2006 ett *Pulse room* som bestod av trehundra glödlampor som hängde ner från taket i galleriet. I början av rummet fanns en sensor där besökaren kunde greppa tag i två handtag som mätte pulsen (precis som på en motionscykel). Den första glödlampan i rummet började då pulsera i takt till besökarens puls. När besökaren släppte handtagen flyttades det inspelade hjärtljudet ner ett steg i nätverket av glödlampor. Så småningom pulserade varje glödlampa i rummet i ett unikt mönster baserat på besökarens hjärtslag. Rummet fylldes av 300 unika hjärtslag.

I samband med Alla Hjärtans dag 2016 skapade Lonac, en gatuartist i Zagreb, en animerad gif till sina fans som han döpte till *heArtbeats*. Lonac hittade en grå betongvägg där två stora metallrör gick in i väggen. Genom att använda stop-motion-teknik, där han fotograferade av varje moment i målningen kunde han skapa en animation där ett realistiskt hjärta pumpar ut blod i de stora rören.

Alla hjärtans dag firas den 14 februari för att minnas Sankt Valentin, ett helgon som led martyrdöden runt 200-talet. Men om du ser en målning med en skäggig man som håller ett brinnande hjärta i sin hand medan han skriver i en bok så är det förmodligen inte Sankt Valentin som sitter och skriver kärleksbrev. Det är inte heller förebilden till scenen i Steven Spielbergs film *Indiana Jones och de fördömdas tempel* där översteprästen sliter ut hjärtat ur bröstet på ett människooffer och håller fram hjärtat inför sektmedlemmarna medan det fattar eld och brinner upp. Nej, det är troligen en målning av Sankt Augustinus, en av kyrkofäderna.

I den franska barockmålaren Philippe de Champaigne målning från 1650 ser vi Sankt Augustinus vid sin skrivpulpet med ett brinnande hjärta i handen. Hjärtat är en symbol för hans kärlek till Gud som genomsyrar alla hans skrifter. I vänstra hörnet av målningen uppenbarar sig också ett starkt ljussken med texten Veritas (sanning) som är Guds sanning som uppenbarar sig för Augustinus och vägleder honom i hans skrivande.

Sean Scullys målning *Heart of Darkness* (1982) är väldigt olik de Champaignes målning, men det finns likheter. Båda handlar om en författare. de Champaignes om Sankt Augustinus och Sean Scullys om Joseph Conrad som skrev romanen *Mörkrets hjärta* (1899). Medan de Champaigne målning är realistisk och figurativ är Scullys målning abstrakt och geometrisk. Den består av tre fält med ränder i olika storlek och färg. de Champaignes målning har sanningen som ledord. Även i Conrads roman kan man se ett försök att tränga in i mörkret och avslöja sanningen om människans inre.

I romanen *Mörkrets hjärta* får vi följa med huvudpersonen Marlow på en resa upp längs Kongofloden i jakt efter elfenbenshandlaren Kurtz. Det blir en resa som tar oss in mot mörkrets hjärta. Vi lämnar civilisationen bakom oss och från den mörka vilda djungeln som omsluter floden hör vi trummor som slagen från ett hjärta skriver Conrad. Det går att läsa *Mörkrets hjärta* som en metafor för kolonialismen, där Konga är det mörka hjärtat och floden den artär som transporterar naturtillgångarna till Europa. Det blir en mörk berättelse om girighet, kolonialism och rasism. För ett hjärta har även sina mörka sidor när det fylls med svartsjuka, brister av svek eller fryser till känslokall is. Det kan också fyllas av skräck, som när Kurtz viskar sina sista ord till Marlow i romanen: "The horror! The horror!" eller när huvudpersonen i Poes novell tycker sig höra hjärtat under golvet som skvallrar på honom.

Bädda ner dig i konstens säng

När den brittiska konstnären Tracey Emin 1999 ställde ut sin säng på Tate Gallery så väckte det en hel del reaktioner. Det var inte i första hand för att hon ställt ut en obäddad säng och kallade det ett konstverk utan det var snarare alla spår av hennes liv som besökaren kunde se I sängen. De fanns fläckar från olika kroppsvätskor på lakanen. Bredvid sängen låg det kondomer, cigarettpaket, toapapper, spritflaskor och använda underkläder. Tracey Emin förklarade att sängen var resultatet av en olycklig och avslutad kärleksrelation och att hon hade tillbringat flera dagar djupt deprimerade i sängen och det var denna erfarenhet som besökarna kunde ta del av. Sängen blev som en dagbok över några dagar av hennes liv.

Tracey Emin är nu inte först med att göra sin privata säng till konst. Robert Rauschenberg anses har varit den första konstnären som ställt ut sin säng. Det vara 1955 som han skapade *Bed*, som snarare är en bädd än en säng, eftersom verket bara består av konstnärens kudde och filt som han hängt upp på väggen som en duk, och sedan målat på. Men precis som i Emins fall kan man se det som ett intimt självporträtt av konstnären.

Det finns många sängar i konsthistorien vilket inte är så konstigt. Sängen intar en central plats i våra liv. Förutom att vi sover bort en stor del av vårt liv i sängen (26 år i genomsnitt) så är det i sängen många av oss har blivit till, det är också här vi föds, älskar, bråkar, sörjer, skrattar, lider och slutligen dör. En stor del av livet utspelar sig i sängen och man skulle kunna berätta en människas livsöde bara med hjälp av konstverk med sängar.

Berättelsen skulle börja med *In Bed: The Kiss* av Henri de Toulouse-Lautrec från 1893 där två unga nakna människor ligger nerbäddade mellan täckena och romantiskt kysser varandra. Det leder oss sedan vidare till Berthe Morisot impressionistiska målning *The Cradle* från 1872. I målningen sitter modern och vakar över sin lilla baby som sover sött i en vagga draperad i tunt vitt flor. Bägge målningarna är ljusa och lätta, fyllda med glädje och liv, men sängen kan också förknippas med smärta, sjukdom, sorg och ångest.

Henry Fuselis oljemålning *Mardrömmen* från 1781 är ett exempel på hur skräckfylld en natt i en säng kan vara. På målningen ser vi en ung kvinna i vit klänning som ligger utslagen på sängen medan en egendomlig figur sitter på hennes bröst som en mara ur den nordiska mytologin. Bakom ett draperi sticker ett hemskt hästhuvud fram ur mörkret. Kanske är det den berömda nattmärren, som en ordlek med engelskans mare som i nightmare?

Konstnären Frida Kahlo, som råkade ut för en allvarlig bussolycka i sin ungdom blev tvungen att under långa perioder vistas på sjukhus och i sin egen säng. I flera målningar har hon gestaltat smärtan och sorgen över olyckan och konsekvenserna det fick för hennes liv. I målningen *Henry Ford Hospital (The Flying Bed)* (1932) ser vi hur hon ligger naken och blodig efter ett missfall i en sjukhussäng. Från hennes kropp går det ut trådar till bilder av livmodern, foster och ett bäcken, symboler för hennes oförmåga att få ett barn.

En annan konstnär som skildrat sjukbädden är den danska konstnären Michael Ancher. I målningen *By a sickbed* (1879) blir färgerna plötsligt mörkare och skuggorna längre. I sängen ligger en gammal sjuk kvinna och bredvid henne sitter hennes barnbarn och läser ur Bibeln. Livets timglas är på upphällning och rinner snart ut i det okända mörkret, precis som vår berättelse. I Edvard Munchs målning *The Death Bed* från 1895 möter vi det definitiva slutet i människans livsöde. I denna mörka expressiva målning ser vi hur ett par människor har samlats bredvid sängen där en ung flicka ligger död. Sängen är ljus med vita lakan medan människorna är mörka och insvepta i sorgens skuggor.

Sängen kan också få symbolisera samhället och samtida fenomen. I Mona Hatoums verk *Dormiente* (2008) ser vi en säng som är gjord av ett rivjärn. Det är en kall stålbädd med vassa piggar, som ett medeltida tortyrredskap står den mitt i rummet. Sängen ska ju vara en trygg plats, men här blir den något fientligt och plågsamt. Man kan se Hatoums säng som en symbol för flykt och fångenskap och som en kommentar på situationen i omvärlden.

En annan säng som fått stor uppmärksamhet och som samtidigt kommenterar vår samtid är sängen som man hittar i videon till popartisten Kanye West sång *Famous*. Video visar en stor säng där ett antal män och kvinnor ligger och sover. Det som gjorde videon så uppmärksammad var att det var många kända personer som låg nakna och sov i sängen som George W. Bush, Donald Trump, Rihanna, Chris Brown och Bill Cosby med flera. Det var förstås inte de riktiga personerna i videon utan vaxdockor som skulle symbolisera kända personer i USA.

Kanske inte lika känt är att hela videon bygger på en målning av den amerikanska konstnären Vincent Desiderio. Desiderios stora oljemålning *Sleep* visar ett 20-tal människor i olika positioner som ligger nakna och sover i en stor säng bredvid varandra. Målningen är väldigt detaljrik och realistiskt och kan vid första blicken tas för ett fotografi. I sängen och i sömnen skapas en samexistens där människor av olika kön, ålder och hudfärg kan vara tillsammans. Man kan också se Desiderios målning som en uppvisning i konstnärens skicklighet att måla kroppar i olika ställningar och hud med olika texturer när det gäller ålder och nyanser.

Vincent Desiderio har även gjort andra målningar om sömn. I *Sleeping family* känner nog de flesta småbarnsföräldrar igen sig. Mitt i sängen ligger det lilla barnet och sover gott och tryggt medan föräldrarna är förvisade lång ut på kanterna. Det är idyllisk bild, och som kontrast kan man lyfta fram Desiderios målning *Elegy* från 1995. Här kikar vi in ovanifrån i en liten sliten lägenhet. Det finns en enkel toalett och en säng där fadern ligger och halvslumrar med ryggen mot sin son som ligger naken på rygg i sängen och ser på betraktaren.

Barnet har en andningskanyl som är kopplad till en syrgastub. Vi förstår att sonen är svårt sjuk och att han under långa perioder, precis som Frida Kahlo, tvingas, stanna i sängen på grund av sin sjukdom.

Att sängen, sömnen eller sömnlösheten har en central roll i livet och konsten visar de många samlingsutställningar som gjorts kring ämnet de senaste åren. Vi kan nämna *Sleepless. Beds in History and Contemporary Art* (2015) som var en utställning som arrangerades på 21er Haus i Wien och som handlade om sängens historiska och ikonografiska betydelse i visuella medel. Från att John Lennon och Yoko Ono stannade i sin säng som en protest mot kriget till Lucinda Devlins fotografier från amerikanska dödskammare där vi hittar sängar som används för att spänna fast fångarna innan de får den sista dödliga injektionen.

Nyligen avslutades på Bonniers Konsthall i Stockholm också en utställning med temat *Insomnia* som kretsade kring sömnlöshet som kulturellt symptom. För det är kanske sömnlösheten som är vår tids stora fråga och framtida motiv i konsten. Natten är full av stressade människor som ligger vakna och vrider och vänder på sig medan tankarna jagar förbi. På så sätt kan sängen spegla vår samtid och vad som händer i vår omvärld. Sover vi rofyllt och tryggt i sängen eller jagas vi av mardrömmar och ligger klarvakna med bultande hjärta och tänker på morgondagens utmaningar.

Virala memelingar

1. Hur konsthistorien blev en animerad gif på sociala media

På sociala medier har konsthistorien fått ett nytt liv. En generation som vuxit upp med internets överflöd av bildmaterial använder olika bildverktyg för att förändra och anpassa de konsthistoriska bilderna till populärkulturella företeelser. I denna klipp-och-klistra-kultur uppstår en rad parallella konsthistorier, populärkulturella hybrider och memes som sedan sprids viralt på Facebook, Tumblr och i andra sociala medier.

James Kerr eller SD (Scorpion Dagger) som han signerar sina verk med är en kanadensisk konstnär som skapar animerade gifar där han blandar konsthistoriska målningar från tidig och nordlig renässans med samtida företeelser. James Kerr började publicera sina animationer på sitt tumblrkonto 2012. I sin dator har han byggt upp en stor samling av kroppsdelar, bakgrunder och figurer från olika målningar. Från sitt digitala bibliotek kan han sedan skapa collage som han animerar och publicerar på nätet. I bilderna hittar vi helgon, Jesus, präster, nunnor och andra konsthistoriska personer som placerats in i en samtida kontext. Dessa heliga personer uppträder som vanliga ungdomar. De festar, åker skateboard, kör bil, tatuerar sig, spelar elgitarr, tränar, sitter vid datorn eller beställer hamburgare. Kerr har sagt att han vill skildra hur figurerna på tavlan skulle bete sig om de hade haft möjlighet att lämna museet när det stänger och leva som vanliga människor.

En viktig inspirationskälla för Kerr är den flamländska renässansmålaren Hans Memling (1430-1494). Memling föddes i Tyskland med var verksam i Brügge fram till sin död. Han målade främst porträttbilder, religiösa motiv och altarskåp. Man skulle kunna därför kunna benämna den här formen av konst som James Kerr ägnar sig åt, där man mixar konsthistorien med populärkulturen i animerade gifar, för *virala memelingar*. Viral eftersom dem sprids via sociala medier och memelingar som en ordlek med begreppet meme och konstnären Hans Memling.

Efter den stora uppmärksamheten på internet ville Kerr ta nästa steg och skapa en bok med sina mest populära gifar. Det låter förstås kontraproduktivt att trycka bilder av animerade bilder från internet i en bok. Men till boken *Do You Like Relaxing?* skapade han också en app som använder augmented reality vilket gör att när du läser av vissa av bilderna i boken med din mobil så kan du se hela animationen. På så sätt kan animationerna fortsätta att fungera i ett traditionellt medium som en bok.

Bildformatet GIF (Graphics Interchange Format) skapade redan 1987 av Steve Wilhite. Idag är det tekniskt ett uråldrigt bildformat som bara stöder 256 färger. Trots det lever gifen kvar och frodas på sociala medier (som Facebook, Tumblr och Giphy). Den animerade gifen används idag av många som en sofitiskerad form av smiley för att kommentera inlägg eller uttrycka känslor som ironi, förvåning, skräck, kärlek etc. Redan tidigt i internets historia blev det populärt att göra animeringar av gifar, genom att kombinera flera bilder som visades i en följd, ofta i en loop där animationen upprepas i det oändliga. När vanliga användare började bygga hemsidor i början av 1990-talet började det snart dyka upp animerade gifar på hemsidorna där det kunde stå "Under construction" eller brevlådor som var animerade som man kunde klicka på om ville skicka e-post till användaren.

Gifen användes också tidigt för att skapa humoristiska inslag. Ett filmklipp av en dråplig situation, kombinationen av två olika klipp till något nytt och oväntat, eller en rolig bildtext på klippet, är karaktäristiskt för den animerade gifen. Den dansande babyn är ett tidigt exempel på detta. Babyn var från början ett experiment med 3D-programvara hos ett företag, och bestod av en enkel 3D-modell av en baby som dansade. Ett av företagets anställda skapade 1996 en komprimerad gif-fil från 3D-filmen som han publicerade på nätet. Animationen fick snabbt stor spridning. När den klipptes in i ett avsnitt av den populära TV-serien Ally McBeal i slutet av 1990-talet så kan man säga att den blev klassisk. Det har sedan dess skapats otaliga variationer på den dansande babyn på internet, det som vi idag kallar för ett meme.

Även konstnärer började intressera sig för animerade gifar och göra konstobjekt av gifar. *Simple Net Art Diagram från 1997* av konstnärskollektivet MTAA 1997 anses vara en av de första konstnärliga gifarna på nätet. Den består av en bild som visar två datorer sammankopplade med en sladd och i mitten blinkar en röd blixt. Vid blixten har man skrivit texten "The art happens here". Det finns många konstnärer som arbetat med gifar och de har under de senaste åren gjorts en del konstutställningar bara med animerade gifar. Till en av de mest kända konstnärliga gifarna brukar man räkna Cory Arcangels *Super Mario Clouds* (2002) som består av en blå himmel med några vita moln som scrollar över bilden. Himlen är en av dataspelsvärlden mest kända och kommer från spelet Super Mario. Arcangel har helt enkelt skapat en animerad gif från ett av populärkulturens mest kända dataspel men samtidigt skapat en ny kontext för bilden.

Man kan säga att virala memelingar bygger vidare på samma idé med appropriering och parafraser som Arcangel använder i sin gif. Men istället för att använda ett dataspel som inspirationskälla använder man gamla klassiska konstverk som man förändrar och lägger till olika saker så att de anpassas till vår samtid.

Kajetan Obarsk som på Tumblr kallas sig Kiszkiloszki skapar liksom James Kerr animerade gifar utifrån en konsthistorisk bildvärld. Han har till exempel använts sig av surrealisten Rene Magrittes målning *Golconda* (1953) som visar hur det regnar ner kostymklädda män över en stad. I Kiszkiloszki version ser vi en nyhetsreporter som i direktsändning rapporterar från detta märkliga fenomen när människor faller ner från himlen och krossas mot marken. I en annan animation har Kiszkiloszki använt sig av Francisco de Goya kända målning *Saturnus äter upp sin son*. I animationen sitter Saturnus på en parkbänk och äter på en människokropp när en flock duvor närmar sig. Saturnus sliter då loss en kroppsdel, som om det vore frågan om en brödbit, och matar duvorna med den. Som ni märker så har Kiszkiloszki en förkärlek till det lite morbida och groteska i sina animationer.

Ett återkommande par i Kiszkiloszki animationer är två skelett med fjärilsvingar på ryggen och balletkjolar som kör omkring i motorcykel med sidovagn eller hoppar omkring som feer i olika konsthistoriska konstverk och skrämmer folk. I många av Kiszkiloszki animationer finns det också ett memento mori budskap, en påminnelse om att vi snart ska dö, ett budskap som var vanligt i 1600-talets målningar.

En av mina egna favoriter bland Kiszkiloszki animationer är annars den med Leonardo da Vinci som sitter framför sin dator och arbetar med målningen *Damen med hermelinen* i Photoshop. I programmet finns en knapp där han kan ändra vilket djur damen ska hålla i sin famn som en pingvin, en hummer eller en giraff. Kanske är det så konsthistoriens mästare skulle ha arbetat med bilder om de hade levt idag och haft tillgång till dagens teknik? Animationen visar också hur lätt det är idag att manipulera bilder. Genom några knapptryckningar i ett bildredigeringsprogram kan man ändra detaljer i bilden och på så sätt skapa helt nya kontexter i konsthistoriska verk.

2. Min feta katt och andra kändisar

Det var många kändisar som avled under 2016 som David Bowie, Leonard Cohen, Prince och George Michael. För att definiera vem som är en kändis kan man idag räkna antal artiklar på Wikipedia. Finns det biografiska artiklar på fler än 20 olika språk räknas du som en kändis och om det finns biografiska artiklar på fler än 70 olika språk är du en megakändis. Ett annat sätt skulle kunna vara att räkna hur många memes det finns av personen på internet. John Travolta skulle då plötsligt vara en megakändis. Ett kort klipp från filmen *Pulp Fiction* från 1994, där Travoltas karaktär Vincent Vega i svart kostym och med rocken på armen stiger in i ett rum och ser sig förvirrad omkring, dyker för närvarande upp lite varstans på nätet i olika nya miljöer. Vega dyker till exempel upp i målningen *Den sista nattvarden* av Leonardo da Vinci. I animationen har alla lärjungarna gömt sig bakom bordet medan Travolta ser sig omkring och undrar vart alla tagit vägen. Man kan också se honom i en gif med Marina Abramovic performance *The Artist Is Present* där han ser sig förvirrat omkring i publiken.

Konsthistorien besöks idag ständigt av olika sorters kändisar. Rowan Atkinson kända karaktär Mr. Bean har fått sin egen konsthistoria av karikatyrmålaren Rodney Pike. Pike gjorde ett 40-tal bilder där Mr Bean kidnappar kända porträtt som Mona Lisa och Henrik VIII genom att ersätta deras ansikten med sitt eget. Sedan har andra tagit vid och skapat en uppsjö av Mr. Bean kopior på nätet. Att det är Mr Bean som på detta sätt förstör konsthistorien stämmer ganska bra med hans karaktär. I filmen *Bean – den totala katastroffilmen* från 1997 jobbar Bean som vaktmästare på ett konstmuseum. Han skickas till USA för att leverera James Whistlers målning *Whistler's Mother* (1871) till en konstutställning. Han råkar dock innan utställningen ska öppna nysa rakt på Whistlers mammas ansikte och när han torkar bort snoret lyckas han förstöra hela ansiktet på målningen. I ett desperat försök att återställa det ritar han dit ett nytt ansikte. Men det nya ansiktet ser ut som en dåligt tecknad karikatyr. Hela scenen verkar var som en föraning om en av vår tids mest uppmärksammade amatörrestaureringar av ett konstverk. Den var 2012 som en gammal dam i Spanien fick för sig att förbättra Elias Garcia Martinez 1800-tals fresco *Ecce Homo* som hängde i en lokal kyrka och som började bli lite sliten av ålder. I tidningsartiklarna, som publicerade runt om i världen efter att "restaureringen" hade upptäckts, jämför många skribenter frälsarens ansiktslyftning med en apas.

Den amerikanska sångerskan Taylor Swift har liksom Mr Bean fått sin egen konsthistoria. I ett flertal målningar ser vi hur hon dansar omkring i olika konstverk som i *Washington Crossing the Delaware* (1851) av Emanuel Leutze. Hon står och dansar mitt i båten medan generalen står i fören och guidar soldaterna som ska korsa floden. Hon dyker upp dansande på gatan utanför restaurangen i Edward Hoppers målning *Nighthawks* (1942), mitt i Monets trädgårdsmålningar eller på bron i Edvards Munchs målning *Skriet* (1893). Swift har blivit känd för sina besynnerliga danser som hon uppträder med i sina musikvideos och som blivit ett populärt motiv att infoga i diverse konsthistoriska verk.

Celebrities in the Renaissance var resultatet av en tävling som fotomanipuleringssidan Worth1000.com arrangerade 2011.

Den resulterade i ett fyrtiotal renässansporträtt där personens huvud bytts ut mot huvudet från samtida kändisar som Johnny Depp, Angelina Jolie, Sylvester Stallone eller Robert de Niros. Historiskt är det främst kända människor som avbildats i konsten eftersom de hade råd att beställa målningar av sig själv. Idag har fotografiet tagit över mycket av porträttkonsten, men hade Jude Law levt på 1500-talet så hade han fått sitt porträtt målat av någon känd konstnär.

Mr. Bean, John Travolta, Taylor Swift och andra kändisar är ganska typiska för hur konsthistorien idag får ett eget liv i sociala nätverk. Man använder sig av klassiska och välkända bilder som reproducerats i olika sammanhang tills de nästan blivit klichéer och stoppar sedan in något nytt och oväntat hämtat från populärkulturens sfär och vips så har man skapat ett spännande möte som gör att den konsthistoriska bilden får ett nytt liv, en ny kontext och en ny publik. Ofta är memes av den här typen skapade av anonyma personer och det handlar ofta om flera olika personer som spinner vidare på en idé och sprider dem vidare, men det finns också några konstnärer som sticker ut och gör sig ett namn på att skapa en speciell form av konsthistoriska memes.

Svetlana Petrova är en av dem, men i avsaknad av en kändis att slänga in i målningen så har hon istället photoshoppat in Zarathustra, som är hennes egen feta katt. Hon har klistrat in fotografier av sin katt i kända målningar. Så nu håller Mona Lisa en stor tjock motvillig rödbrun katt i knäet. Katten har också ersatt Napoleon på hästryggen i Jacques-Louis Davids målning *Napoleon Crossing the Alps* och han deltar i en balettlektion målad av Edgar Degas. Zarathustra är kanske inte lika känd som Grumpy katt, Maru och andra nätkatter, men bland konsthistoriska memes är han stor.

Svetlana som är en rysk konstnär fick ärva Zarathustra när hennes mor dog 2008. För att bearbeta sorgen efter modern började Svetlana att experimentera med att photoshoppa in katten i olika historiska målningar och det hela resulterade i hemsidan FatCatArt.com 2011 och sedan dess har det rullat på och berömmelsen har vuxit kring den feta katten i konsthistorien.

Svetlana Petrova kallar sina verk ready-meme, en form av ready-made för den digitala åldern. Istället för att använda massproducerade föremål, som när Marcel Duchamp gjorde konstverk av en flasktorkare eller en pissoar, så använder Svetlana sig av massreproducerade digitala konstverk på internet som hon gör memes av. Själv brukar jag använda begreppet virala memelingar för den här typen av konsthistoriska memes. Memelingar är en ordlek med meme och 1600-talskonstnären Hans Memling vars verk använts i flera konsthistoriska memes skapade av bland annat den kanadensiska konstnären James Kerr.

3. Emojis

Den som vill förstå konsthistorien måste lära sig en del om ikonografi. Ikonografi handlar om att tolka olika föremål, symboler och färger i konstverket och kunna läsa in vilka referenser som konstnären har använts sig av. Ett stilleben från 1600-talet kan vid första anblicken bara se ut som en samling av mat, dryck, blommor och olika föremål upplagda på ett bord, men vid en närmare titt och med rätt kunskap berättar varje detalj något om livet, tiden, förgängligheten, nöjen, synder och begär. Precis som en 1600-talsmålning kan vara svår att förstå för oss som lever idag skulle en 1600-talsmänniska tycka att det visuella språk som vi använder i sociala medier är helt obegripligt med alla dessa olika förkortningar och emojis som vi skickar till varandra.

I början fanns smileyn :) ett kolon och en parantes som symboliserade en glad gubbe. Sedan började dessa förkortningar att översättas direkt av datorn till små gula runda ansikten som uttryckte glädje, sorg och kärlek. Nästa steg var att animera dessa små gula gubbar, de kunde rulla med ögonen och hoppade upp och ned. I och med att sociala medier utvecklades ökade behovet och efterfrågan av nya ikoner och plötsligt öppnades en fördämning där nya figurer, växter och symboler fyllde våra skärmar. Idag samlas alla dess ikoner under begreppet emojis eftersom de används för att uttrycka olika känslor hos användaren.

Edvard Munch anses vara den enda konstnär som påverkat dagens officiella emojis. Det finns nämligen en emoji, föreställande ett blekt ångestfyllt ansikte som är som hämtad ur Munchs kända målning *Skriet*. För att ge en mer rättvis bild av konsthistorien för dagens användare uppmanade Cantor Fine Art Gallery sina Instagramföljare att skapa en ny serie med emojis baserade på kända konstnärer. Resultatet blev bland annat van Gogh med bandage runt huvudet och lite blod vid kinden eftersom han vid ett tillfälle skar av sitt öra,

René Magritte som är en emoji med svart plommonstop och ett äpple framför ansiktet efter målningen *The Son of Man* (1964). Och vad skulle representera Damien Hirst bättre än en gnistrande dödskalle efter hans extremt dyra konstverk *For the Love of God* (2007)? Frida Kahlo avbildas med en blomsterkrans runt huvudet och en liten apa fastklamrad på kinden.

Redan år 2013 började Ladies up Front posta inlägg på Tumblr där man återskapade kända konstverk med emojis. Man översatte helt enkelt konstverket till symboler så en diamant+dödskalle representerade ett verk av Damien Hirst, några glödlampor ett verk av Dan Flavin (känd för sina lysrörsinstallationer), en kvinna, en kniv, en gaffel och en man blev målningen *American Gothic* av Grant Wood. På Woods målning ser du nämligen porträttet av en man och en kvinna med en högaffel mellan sig och ett hus i bakgrunden. Konstnären Man Bartlettt plockade upp tendensen och publicerade den på Twitter med hashtaggen #emojiarthistory och idag finns det en hel genre på nätet där emojis invaderar och omformar konsthistorien.

Den franska digitala konstnären Anne Horel är en av dem som har kombinerat konsthistorien och de sociala mediernas ikonografiska världar. 2014 skapade hon en *Emoji konsthistoria* där hon lade till välbekanta emojis på historiska konstverk. Resultatet är en väldigt rörig och rörlig konsthistoria där pizzabitar, blommor, spöken, svampar och frukter åker runt och hoppar omkring i verk som *Frukost i det gröna* av Manet eller *Venus födelse* av Sandro Botticelli.

En liknande idé har den ukrainska designern Nastya Ptichek använt i serien *Emoji-nation* där hon lagt till både felmeddelanden från Windows, ikoner från olika sociala medier och digitala gränssnitt på konsthistoriska verk. På Michelangelos berömda fresk från Sixtinska kapellet där man ser hur Gud skapar Adam dyker en ruta upp mellan de två personerna med felmeddelandet "Fatal error: Disconnected" som en slags bevis på att människan förlorat kontakten med Gud. Eller i en målning av Edward Hopper som visar en äldre skallig man som sitter ensam på trottoaren framför en affär och där Ptichek ovanför hans huvud placerat in en symbol som visar att personen har noll vänner. Även om vi kan se att mannen är ensam på trottoaren förstärker ikonen känslan av ensamhet genom att signalera att han också är ensam på nätet. Ptichek använder sig även av olika gränssnitt som Googles translate på ett japanskt kalligrafiskt blad där man längst upp kan översätta texten på bilden från japanska till engelska eller Google maps funktioner som placerats in i Hieronymus Bosch triptyk *Lustarnas trädgård*, så man kan både zooma in i bilden eller växla till satellitvy.

För många av oss är de här nya tilläggen ganska självklara och vi kan se det underfundig med hur de används i bilderna, men om man aldrig varit på internet så blir det ganska förvirrade. De nya ikonografiska tilläggen visar också hur beroende tolkningen av en bild är av den kontext den har skapats i. För människor under medeltiden och renässansen var det självklart vad olika attribut och symboler i bilderna betydde. Såg man en kvinna som bar ett miniatyrtorn så visste man att det var den heliga Barbara, hade den skäggiga mannen ett par nycklar då var det förmodligen Sankte Per och ett bevingat lejon skulle översättas till evangelisten Markus. Det är kunskaper som många av oss inte längre besitter eftersom vi lever i ett sekulariserat samhälle och aldrig haft behov att lära oss dessa attribut eller symboler.

4. Snapchat och Barbie

Ett besök på ett konstmuseum kan vara ganska tråkigt. De flesta som besöker till exempel Louvren i Paris gör det för att se Mona Lisa och en handfull andra kända konstverk, medan större delen av samlingarna passerar i ögonvrån. Är man dessutom inte speciellt intresserad av konst kan ett studiebesök bli ganska långtråkigt och man hamnar istället framför sin mobil för att se vad som hänt på nätet. The Los Angeles County Museum of Art (LACMA) fick därför en idé att använda sig av sociala medier för att aktivera sina unga besökare och göra dem mer delaktiga i konstupplevelsen.

Museet använde sig av Snapchat, som är en meddelandetjänst där man kan ta bilder, lägga till text, emojis eller rita på bilden innan den skickas. De som skiljer Snapchat från andra liknande tjänster är att avsändaren kan ställa in hur länge mottagarens ska kunna se bilden innan den försvinner från 1-10 sekunder. LACMA fick sina besökare att ta bilder ur samlingen och skapa memes genom att lägga till fyndiga kommentarer. Det finns idag en hel del *Snapchat Art History* på nätet där konsthistoriska bilder har fått fyndiga repliker hämtade från populärkulturen eller fraser och uttryck från ungdomarnas slangspråk.

Det har länge skapats memes på nätet där man använt sig av konsthistoriska bilder och sedan lagt till en fyndig text eller replik. Fördelen med till exempel tjänster som Snapchat är att man kan göra allt på samma gång när man är på museet, ta bilden, lägga till text och skicka den, utan att behöva ett bildbehandlingsprogram och en dator i närheten. Det ska förstås tilläggas att även om replikerna på bilderna ofta är fyndiga så finns det också en tendens till sexism och pubertala skämt när det gäller till exempel konstverk med kvinnor i motivet.

Konsthistorien är full av kvinnor. Det vill säga om man räknar modeller, däremot är det ganska ont om kvinnliga konstnärer. Det har under det senaste decenniet gjorts en del försök att förbättra situationen och plocka fram bortglömda kvinnliga konstnärer ur historien, men faktum kvarstår att de fortfarande utgör en liten del av den totala konsthistorien. Det finns därför en del som tröttnat på denna mansdominerade konsthistoria och tagit saken i egna händer.

Catherine Théry har skapat en konsthistoria baserad på den kända dockan Barbie. Barbie är visserligen omstridd som kvinnlig förebild, men när hon kliver in i konsthistorien blir hon en ögonöppnare och synliggör den manliga dominansen i konsthistorien. Thérys handmålade dockor har arrangerats och fotograferats i kända målningar från Leonardo da Vincis *Den sista nattvarden* till Edvard Munch *Skriet*. I Rembrandts målning *The Anatomy Lesson of Dr. Nicolaes Tulp* ser vi en grupp med svartklädda blonda barbies som står runt ett operationsbord där en naken Kent ligger fastkedjad. En av barbiedockorna håller i en nyckel till hänglåset runt Kents händer. En tolkning skulle vara att kvinnorna återtagit makten i konsthistorien och objektifierat mannen, precis som kvinnan i många fall objektifierats i konsthistorien. Barbie har makten att befria Kent från hans bojor eller fortsätta hålla honom kedjad som en slav. Genom sina barbiebilder har Théry skapat en parallellt kvinnodominerad konsthistoria.

I konsthistorien framställs kvinnan ofta som en oskuldsfull madonna eller som en utmanande erotisk varelse. Nakna kvinnor som är skapade för en manlig blick finns det gott om i konsthistorien. Kvinnornas egen sexualitet, om den ens finns, hamnar alltid i bakgrunden. På Tumblr finns sidan *The Magic Wand Throughout Art History* som vill ändra på den synen. The Magic Wand skapade i slutet av 1960-talet av det japanska företaget Hitachi och var en massagestav tänkt för att användas på stressade och spända muskler. Kvinnor upptäckte snart att massagestaven kunde användas på mer intima delar för att slappna av. Genom att placera en Magic Wand i händerna på olika konsthistoriska personer (främst kvinnor men även några män) skapar man en ny innebörd i bilden.

Den turkiska diplomaten och konstsamlaren Halil Şerif Paşa beställde 1866 målningen *Sömnen* av konstnären Gustave Courbet. Tavlan visar två nakna kvinnor som ligger omslingrade kring varandra på en säng. Målningens erotiska och lesbiska motiv är naturligtvis en manlig fantasi, men när en Magic Wand photoshoppas in i bilden synliggörs kvinnornas egen sexualitet och kvinnorna blir mer självständiga. Många kvinnor i konsthistorien uttrycker åtrå, religiös extas eller har utmanande blickar som Dante Gabriel Rossettis målning av en upphöjd och bedjande Beata Beatrix. Det blir i den här typen av motiv väldigt effektfullt i att placera in en massagestav. Beatrix blir inte längre den oskuldsfulla gudomliga kvinnan som Dante åtrår utan en självständig person som själv bestämmer över sin sexualitet. På så sätt återtar kvinnorna i konsthistorien makten över sin egen kropp bara genom att en massagestav placeras in i bilden

Konsthistoriska memes avspeglar inte bara vilka fördomar vi bär med oss i vår samtid genom olika plumpa kommentarer till konsthistoriska verk utan de kan också avslöja hur historien har behandlat och avbildat människor och vilka värderingar som finns dolda i konstverken. Populärkulturens respektlösa blandning av samtid och historia skapar ofta en spännande dialog och gör också att konsthistorien kan bli mer levande och angelägen för en ny generation museibesökare.

5. Dataspel och selfies

Målningen föreställer konstnären Whistlers mamma. Hon sitter på en stol i ett rum och är målad i profil. Originaltiteln *Arrangement in Grey and Black* säger ganska mycket om färgskalan på tavlan. Rummet är i olika gråskalor och mamman bär en lång svart klänning och har en vit hätta på huvudet. Det är ett strikt, puritanskt porträtt av Whistlers åldrande mamma. Med andra ord ett ganska tråkigt och stelt porträtt. Det är väl därför man på nätet kan hitta en mer uppiffad animerad version där Whistlers mamma sitter framför en stor platt-TV och spelar videospel.

Idag ägnar sig många åt att spela dataspel på fritiden och dataspel utgör också en stor del av vår populärkultur. Karaktärer, gränssnitt och fenomen har även påverkat andra delar av vårt samhälle. Begreppet gamification innebär att andra sektorer inspireras och lånar element från dataspel för att göra olika tjänster med spelliknande karaktär. Som exempel kan man nämna utbildning (i skolan använder man mattespel och stavningsspel), träning (appar där man springer från zombier utomhus till Wii Sports) eller inom reklam och politik (satirspel om politiska motståndare eller reklamspel för att marknadsföra en produkt). Dataspelens estetisk har förstås också letat sig in i konsthistorien.

Whistler mamma spelande Xbox är en av många memes på nätet inspirerade av dataspel. I ett annat exempel har man klippt in gränssnittet från det gamla dataspelet Doom i Munchs målning *Skriet*, vilket blir väldigt effektfullt. Gestalten i målningen som promenerar på bron och som plötsligt drabbas av existentiell ångest, har nu en pistol framför sig vilket ger en trolig förklaring till hans plötsliga reaktion. Gatukonstnären Banksy målning av den maskerade huliganen som kastar en bukett blommor, står nu i en dataspelsvariant plötsligt beredd att kasta iväg en röd fågel från spelet *Angry Bird* och så finns det så klart en *Den sista nattvarden* där alla lärjungar och Jesus är utbytta mot dataspelskaraktärer från Super Mario till Zelda.

Dataspelens karaktärer och berättelser har på många sätt ersatt äldre tiders myter och sagor. Konsthistorien har genom åren visualiserat bibliska berättelser, antika myter och gamla sagor. Idag är S:t Göran som dräper en drake ingen hjälte som ungdomarna drömmer om, utan man hämtar istället sina förebilder från populärkulturens serier och dataspel. Att dataspelskaraktärer då och då invaderar någon tråkig målning är kanske inte så konstigt. Det är just den typen av bilder som Dave Pollot fyller sitt Instagramkonto med. Han använder ganska tråkiga målningar av landskap och stadsmiljöer och placerar in superhjältar från serier och dataspel i dem. En Pacman i skogsglänta, eller en Jason från Fredagen den 13th på ängen eller C-3PO och R2-D2 från Star Wars på en stadsgata.

En stor del av konsthistorien handlar om att avbilda människor, precis som porträttet av Whistlers mamma. En stor genre inom porträttkonsten är därför konstnärers självporträtt. Att måla av sig själv framför spegeln har ofta varit ett enkelt sätt att träna sig i hantverket och konstnären själv är dessutom en billig modell, som alltid är tillgänglig och som inte klagar över långa sittningar. Idag domineras porträttkonsten av selfien som man enkelt tar med sin mobil och lägger ut på nätet. Naturligtvis har detta fenomen även letat sig in bland konsthistoriska memes.

Det finns två inriktningar som är värda att lyfta fram. I den ena photoshoppar man in en mobil i konstverket så att Mona Lisa eller Vermeers *Flicka med pärlörhänge* håller i en mobil och tar en selfie på sig själv. Människorna och konstnärerna i konsthistorien var förmodligen lika fåfänga som vi är idag och skulle förstås ägnat sig åt att ta selfies om de levt idag. I den andra varianten tar man en bild av det fysiska konstverket och låter någon annan hålla upp en mobil framför tavlan eller skulpturen så att det på fotografiet ser ut som om det är personen på tavlan eller skulpturen som tar bilden. På nätet hittar man fenomenet under hashtaggen #museumselfie. Det finns en hel del skulpturer på konstmuseerna som sträcker ut sina armar som om de bara väntade på att ta en selfie.

En stad i Texas har nu gått händelserna i förväg och rest en offentlig staty som visar två kvinnor som tar en selfie. Så det får väl betraktas som metakonst när förbipasserande tar en selfie på sig själva med en staty av två kvinnor som tar en selfie. I vissa fall får man nog säga att vår narcissism att ta selfies har gått lite för långt som när folk ramlar ner för stup och dör i jakt efter den perfekta selfien. Konstnären Anna Uddenberg har gjort en kommentar till vår samtids selfiesberoende i skulpturen *Venus de Milo (or Modern Selfie)* som visades på Berlin Biennalen 2016. Skulpturen visar en kvinna med stringtrosor som ligger på knä och med en selfiestick tar en selfie på sin ända. Kanske ska man se konstverket som en föraning om nästa trend i sociala medier? Ser man tillbaka i konsthistorien så kan man iallafall konstatera att avbilda nakna rumpor inte är något nytt.

Falskspelare och mördare i konsten

Han ser så fridfull ut där han ligger i badkaret. Den högra handen har halkat ner på golvet och han håller fortfarande gåspennan i ett fast grepp. I den andra handen håller han ett fullskrivet papper. Jag får alltid känslan av att Jacques-Louis Davids berömda målning av *Marats död* (1793) visar ett självmord. Marat ligger så fridfullt i sitt blodfyllda badkar och kniven är knappt synlig i bildens nederkant. Att jag tänker på självmord beror förmodligen också på att David har utelämnat den viktigaste personen i målningen, nämligen gärningsmannen.

I Paul Jacques Aimé Baudrys målning från 1858 ser vi gärningsmannen. Det är Charlotte Corday, som närde ett stort hat mot Marat och såg honom som en landsförrädare. Under förespegling att hon hade viktig information att förmedla fick hon tillträde till Marat. På grund av en hudsjukdom tillbringade Marat mycket tid i ett badkar, och när Corday stötte en kniv rakt i hjärtat på Marat så låg han fortfarande i badet. Efteråt lär hon ha sagt: "Dådet är utfört - monstret har dött." På Baudrys målning står Corday intryck vid fönstret. Hon ser inte ut som någon förhärdad brottsling utan verkar rädd, som om hon plötsligt insett vad hon gjort. I badkaret vrider sig Marat av smärta med kniven djupt inborrad i bröstet. Han griper krampaktigt tag i badkarskanten. Rummet är i oordning, stolen bredvid badkaret har vält och det ligger papper på golvet. Baudry har målat en mer realistisk bild av mordet än Davids romantiserade bild.

Även Edvard Munch har skildrat Marats död, i en målning från 1907. Munchs motiv har en erotisk inramning. Marat ligger naken på sängen, i en position som påminner om en korsfäst Kristus. Sängkläderna är blodiga. Bredvid sängen står en ung naken kvinna (Charlotte Corday). Stelt står hon och tittar rakt på betraktaren. Munch har varken tagit med badkaret, kniven, pennorna eller pappret, utan det är egentligen bara titeln på tavlan som berättar vad brottscenen föreställer. Att det skulle ha funnits någon sexuell relation mellan Marat och Corday finns det inga belägg för utan Munch har gjort sin egen tolkning av mordet.

Konsten är fylld av skildringar av brott, våld och mord. Ta bara de bibliska berättelserna, de är ju en katalog över allehanda brott och straff som fungerat som inspiration för konstnärer genom århundraden. Redan i första Moseboken kan man läsa om världens första mord: *"Och Kain talade med sin broder Abel; och när de voro ute på marken, överföll Kain sin broder Abel och dräpte honom."* Brodersmordet finns skildrat i åtskilliga målningar genom konsthistorien, av konstnärer som Titian, Tintoretto och Rubens. För det mesta är det fråga om våldsamma och dramatiska scener. De muskulösa bröderna, iklädda endast höftskynken, är involverade i en våldsam kamp. Abel brukar ligga i underläge medan Kain svingar en klubba eller ett käkben mot sin bror för att utdela det dödande slaget.

Det finns även kvinnliga mördare i bibeln, som berättelsen om Judith och Holofernes. Den mest kända skildringen av motivet målade Aremisia Gentileschi runt år 1620. Bilden visar hur den judiska hjältinnan Judith tillsammans med sin tjänarinna har smugit sig in i den assyriska generalen Holofernes tält. Holofernes har blivit lurad att supa sig full och har somnat. Tillsammans med sin tjänarinna skär Judith huvudet av generalen med en kniv så blodet sprutar över de vita lakanen. Även Caravaggio har gjort en blodig målning av mordet, men Caravaggio har också ägnat sig åt att skildra mindre blodiga brott, men inte desto mindre bedrägliga.

På tavlan *Falskspelarna* från 1594 ser vi två unga män som spelar kort. Den ena har dock några extra kort undangömda bakom ryggen och ägnar sig alltså åt falskspel. Det verkar inte vara några pengar involverade i spelet, men kanske ära. Dolken vid falskspelarens midja säger att det kan hetta till om fusket avslöjas. Många konstnärer inspirerades av Caravaggios arbete med ljus och skugga, det som brukar kallas klärobskyr. I konsthistorien hittar man också en hel del kortspelare och bland dem smyger sig även några fuskare in i leken.

Ofta är det fråga om män som spelar kort eller tärning i mindre anständiga miljöer med vin och kvinnor, som i den holländska konstnären Wouter Crabeths målningar. I till exempel målningen *Korthajarna* ser vi två män och två kvinnor som sitter runt ett bord och spelar kort om pengar. Kvinnorna verkar tillhöra det lättfotade släktet eftersom de sitter med blottade bröst, och männen tillhör de mer skumma typerna. Mannen med ryggen mot betraktaren har några extra kort instuckna i bältet bakom ryggen, och värjan hänger redo att användas i bältet.

En samtida konstnär som definitivt har inspirerats av Caravaggio är den norska konstnären Odd Nedrum. I målningen *Mordet på Andreas Baader* från 1978 känner man igen Carvaggios ljusmåleri och även kompositionen är inspirerad av Caravaggios målning *Petrus korsfästelse* (1601). Andreas Baader var en av ledarna för terrororganisationen Röda armé-fraktionen och mördades i sin cell i Stammheimfängelset. I den våldsamma scenen ser vi hur två män håller fast Baader medan en tredje i trenchcoat och hatt avrättar honom med ett nackskott. Ett motiv lika blodigt som det om Judith och Holofernes.

Mord hör till de mest grymma och våldsamma brotten i mänsklighetens historia och är också ett av de vanligaste brotten som avbildats i konsthistorien. Hur mordet beskrivs beror på vem som beskriver det och syftet. Ta bara mordet på Marat. Det kan vara romantiskt som hos David, mer realistiskt som hos Baudry, eller symboliskt som hos Munch. I verkligheten är mord ofta en rå och brutal handling. Paul Cezannes målning *Mordet* (1868) upplever jag precis så brutalt och rått. Den visar hur två grovt tecknade figurer håller fast en tredje mot marken. Mannen höjer kniven för att utdela det dödande hugget. Himlen är svart och orolig. Miljön är mörkt, kall och ogästvänlig, precis som brottet. Kompositionen är uppbyggd av en pyramidform, där offret bildar basen och de två gärningsmännen sidorna. Horisonten består av en brant vertikal som skapar ett orosmoment i målningen. Här finns ingen ära, mod eller historiska vingslag, utan bara ett brutalt mord utfört i avskildhet en stormig natt.

Konsten har definitivt sin andel av "bad boys". Eric Fischls målning med just namnet *Bad Boy* (1982) visar hur en av dem tar sina första steg på brottets bana. På tavlan ser vi en kvinna som ligger naken på sängen. Genom persiennerna faller ett ljus som skapar ett skuggverk i tradition från Caravaggios klärobskyr måleri. I förgrunden står en pojke och tittar på den nakna kvinnans kön som är blottat. Man kan vid första anblicken tro att det är för att han stirrar på den nakna kvinnan som Fischl kallar honom en bad boy, men istället är det precis som i Caravaggios falskspelare det som sker bakom hans rygg som är det viktigaste. Pojken stoppar nämligen ner sin hand i kvinnans handväska för att vittja hennes plånbok och stjäla hennes pengar.

Under 1900-talet har fotografi och video tagit över mycket av måleriets roll när det gäller att skildra brott och våld i samhället. På 1920-30 talet uppstod ett dokumentärt fotografi där pionjärer som den amerikanske fotografen Weegee skildrade brott, våld och mord i realistiska fotografier tagna direkt på gatan. Han följde polisen hack i häl för att fånga och rapportera om rykande färska brottsplatser och gangsteruppgörelser. Weegee var föregångare till vår tids kriminalfotografi och även vår tids sensationsjournalistik som aldrig verkar lyckas mätta vårt behov efter katastrofer och brott.

Inom samtidsfotografiet har Cindy Sherman arbetat mycket med arrangerade brottsplatser där hon använder sig själv som modell. Hennes bilder försöker efterlikna kriminalfotografier i Weegees anda. Men till skillnad från Weegees bilder så arbetar Sherman med en samtida kontext. Hon använder sig själv som modell för att diskutera identitet och kön. Inspirationen till fotografierna är ofta hämtade från gamla skräckfilmer eller thrillers där det kvinnliga offret utmålas i stereotypa karaktärsskildringar. För även om man inte ser förövaren på bilderna kan man utgå från att det är en man som begått brottet och kvinnan som är offret.

I fotografen Melanie Pullens fotoserie *High Fashion Crime Scenes* möts mode och död. Hennes fotografier visar unga kvinnor som mördats på folktomma platser, som i tunnelbanan, i en bil, eller dumpats i skogen. Bilderna är arrangerade som modefotografier, med ljus, makeup och snygga kläder. Om Cindy Sherman använder brottet som en symbolisk inramning för att diskutera könsroller och identitet använder Pullen brottet för att lyfta fram estetiska aspekter och modevärldens syn på kvinnor i sina fotografier. Det är sällan som brottet i samtidskonsten bara skildrar en realistisk eller dokumentär bild av kriminalitet utan dyker ofta upp i en kontext där den lyfter fram en aktuell frågeställning i samhället.

Scambaiting- den bluffande konstnären

Komikern James Veitch får, precis som vi andra, en väldig massa skräppost i sin inkorg, men istället för att kasta dem i papperskorgen så svarar han på dem. På Youtubekanalen *Scamalot* driver Veitch hejdlöst med de stackars bedragarna (engelska scammers) som försöker lura honom. Fenomenet kallas "scambaiting" och har förmodligen funnits lika länge som skräpposten. I kort innebär det att man börjar svara på olika suspekta erbjudanden från Nigerianska kungaättlingar, dödssjuka miljonärer eller välvilliga banktjänstemän, och man gör allt i sin makt för att dra ut på konversationen så att man håller bedragaren upptagen så hen inte hinner lura andra personer. Det är helt enkelt en klassisk dubbelbluff där bluffaren blir bluffad. Veitch har gjort det till en konst att med sitt naiva sätt förvirra och missförstå bluffarens intentioner och på så sätt slösa bort hans tid.

Om konstnären Ditte Ejlerskov hade lika roligt när hon 2013 började svara på mailen från en bedragare från Barbados vet jag inte. Men hon fick i alla fall Fergal, som bedragaren kallade sig, att resa kors och tvärs över Barbados för att dokumentera popstjärnan Rihannas hemland. Ejlerskov har i flera olika konstprojekt intresserat sig för Rihannas liv, och i sitt senaste verk *My Bajan Letters* låter hon fiktion och verklighet vävas samman i ett konstprojekt. Hon reser så småningom själv till Barbados för att hitta spår efter Rihanna och Fergal. Resultatet bli målningar, en film och två böcker, den ena en halvfiktiv reseroman och den andra en bok som innehåller korrespondensen mellan Fergal och Ditte.

Det finns flera referenspunkter mellan en världspopstjärna som Rihanna och en scam-mailare som Fergal. Båda bygger upp exotiska drömmar som naturligtvis är ouppnåeliga för oss vanliga människor. Du får ett mail från en okänd miljonär som valt ut just dig och tänker skänka dig en stor summa pengar bara du är lite hjälpsam. Du behöver bara investera en liten summa för att de juridiska och administrativa dokumenten ska kunna upprättas. När du väl betalat in beloppet är det tack och hejdå, och drömmen går upp i rök. Även Rihanna säljer en dröm, dock skulle jag inte kalla det bedrägeri, men tanken är ändå att vi ska betala för att känna oss utvalda och ta del av något unikt. Självsuggestionen gör oss till lätta byten för både idoldyrkan och bedragare, man vill gärna tro att man är utvald i en anonym och hård verklighet.

My Bajan Letters är inte första gången som Ejlerskov sysslat med scambaiting. Redan 2011 tar hon upp korrespondensen med den afrikanska advokaten Amadi Omorose Azagba, som företrädde den tragiskt avlidne, men enormt rika, avlägsna släktingen Gabriel Ejlerskov, vars förmögenhet nu skulle tillfalla Ditte. I verket *My African Letters* skapar Ditte, precis som i *My Bajan Letters,* målningar kring den fiktiva historien som advokaten berättar för henne, och hela korrespondensen har också publicerats i en bok. Ur ett konstnärligt perspektiv är det intressant hur bedragaren blir medskapare till verket och hur dialogen växer fram genom ett samarbete. Det blir en gemensam berättelse där det pågår en kamp mellan två skapare om vem som ska lyckas nå fram till sitt eget önskade slut på berättelsen. Bedragaren vill förstås håva in pengarna, medan den som sysslar med scambaiting vill hålla bedragaren på halster så länge som möjligt för att sedan i sista stunden fördärva hela upplägget.

Även den österrikiske konstnären Andreas Zingerle har i flera konstverk använt sig av scambaiting för att skapa konst. I verket *Monitoring Harry Brooks* (2016) har han visualiserat 274 mail från en bedragare som utser sig för att vara den amerikanska diplomaten Harry Brooks som ska transportera en väska full med pengar från det afrikanska landet Benin till USA. Om du hjälper honom får du naturligtvis en andel av pengarna. Zingerle analyserade och kategoriserade mailen i brevväxlingen och gjorde för varje dag en fläta, och om det kom mail under dagen placerades färgade stenar ut på flätan beroende på vilken kategori mailet hamnade i. En röd sten om det var ett aggressivt mail, gul om det innehöll löften om pengar, svarta stenar med gula prickar om det innehöll information som skulle förstärka historiens trovärdighet och gröna eller bruna stenar om det var frågan om ett auto-reply och bedragaren höll på med något annat.

I verket Password: * * * * * * (2015) avslöjar Zingerle populära lösenord som nätets bedragare använder sig av till sina e-postkonton. Verket består av sex tavlor med tecknet * som i sin tur är uppbyggt av de mest frekventa kombinationer av lösenord som används av bedragare som: 'good', 'love', 'money', 'mother', 'jesus', 'bless'. Lösenorden har Zingerle hämtat från olika anti-scamforum på nätet, som till exempel

419eater.com. 419eater.com har i sin tur fått tag i lösenorden genom det som kallas "social engineering", vilket på sätt och vis påminner om hur en bedragare arbetar. Man kontaktar helt enkelt bedragaren och utser sig för att vara från till exempel e-post supporten, och ber sedan användaren att avslöja sitt lösenord för att kunna fixa ett allvarligt problem med deras mail-konto. På liknande sätt försöker bedragaren komma åt ditt kontonummer och pengar genom att utge sig för att vara någon annan än de är och bygga upp en förtrolig karaktär.

Det pågår en ständig kamp på nätet mellan scammers och deras motståndare. Ibland resulterar det i nytt material till en komiker som James Veitch och hans Youtube-kanal Scamalot, eller så blir det material till konstnärer som Ditte Ejlerskov och Andreas Zingerle. Men dem som man glömmer bort i historien är förstås alla de som låter sig luras och blir av med sina pengar. För om människor inte gick på dessa bluffar och det inte genererades pengar till bedragarna så skulle scamming ha försvunnit från nätet för länge sedan.

Potatisavtryck i konsten

Författaren och konstnären Peter Weiss flydde till Sverige från Tjeckoslovakien 1938 och bodde en tid som krigsflykting i Alingsås. Kanske var det i Alingsås som han fick inspiration till oljemålningen *Potatisätarna* (1942)? För det var nämligen i potatisstaden Alingsås som Jonas Alströmer föddes 1685. Som du säkert minns från historielektionen så var det Alströmer som såg till att vi började odla potatis och att den blev en viktig del av vår kost i Sverige. Hur hade det egentligen sett ut om Alströmer inte förkunnat potatisens förträfflighet? Skulle vi då, hemska tanke, äta köttbullar med ris, brunsås och lingonsylt?

Det kan förstås också vara så att Weiss inspirerats av Vincent van Goghs kända målning *Potatisätarna* från 1885. Van Gogh har i målningen porträtterat en bondefamilj som sitter kring en fotogenlampas skumma sken och äter potatis och dricker kaffe. Människorna har hårda och slitna ansiktsdrag. Van Gogh har skildrat en alldaglig vardagsscen utan romantik och glamour. I Weiss potatisätare visar scenen också en man och en kvinna som sitter vid köksbordet och skalar potatis. Även här är ansiktsdragen grova och målningen skildrar en realistisk vardagsscen med två vanliga människor som äter potatis.

Vid samma tid som *Potatisätarna* målade van Gogh också stilleben av potatis, potatisodlare och potatisskalare. Under 1800-talet var det inte ovanligt med potatismotiv i konsten.

Jean François Millet, Max Liebermann och andra 1800-talskonstnärer målade också av potatisätare och människor som arbetade på åkern med att plocka upp potatis. Jag är ganska säker på att Håkan Bråkan, Sunes lillebror, skulle ha uppskattat en konstutställning med alla dessa potatismålningar. För Håkan Bråkan är en ung man som verkligen älskar potatis. När hans bästa kompis Pär Päron frågar hur det kommer sig att Håkan är så stark får han till svar: "För att jag äter potatis och pommes frittisar!" Barnböckerna om Håkan Bråkan är ett exempel på hur potatisen grävt sig djupt ner i den svenska folksjälen ända sedan barndomen.

Det är ändå märkligt att en sådan vardaglig rotfrukt som potatis har lämnat så många spår efter sig i konsthistorien, eller kanske inte? Potatisen har sitt ursprung i Sydamerika där den har odlats sedan 8000 f.Kr. Under kolonialtiden kom spanjorerna i kontakt med potatisen och importerade den till Europa där den blev en viktig basföda. Under 1800-talet kom det stora genombrottet för potatisen, för det var då man upptäckte att man, förutom att äta den, kunde göra brännvin av potatis. På Irland hade potatisen under 1800-talet blivit en av de viktigaste grödorna för befolkningen och landet drabbades därför hårt när potatispesten slog till. Potatispest är en mögelsvamp som angriper potatisen och gör den giftig. Resultatet blev massvält i landet. Man räknar med att en miljon människor svalt ihjäl under perioden 1845-1852, som i Irlands historia kallas för Gorta Mór ("den stora hungern").

Katastrofen ledde också till en massutvandring, främst till USA.

Runt om på Irland kan man därför hitta flera minnesmärken över den stora svälten. I Dublin finns till exempel en staty av den irländska konstnären Rowan Gillespie. Skulpturen, som ligger vid Dublins hamn, uppfördes 1997 och visar ett par utmärglade människor som vandrar längs gatan på jakt efter mat. Människorna påminner mig om de bilder man kan se från befrielsen av de tyska koncentrationslägren, med utmärglade kroppar och apatiska ansikten hos människor hårt drabbade av umbäranden, svält och sjukdomar. I sina famnar bär människorna knyten med sina sista tillhörigheter, och en av männen bär ett livlöst barn över sina axlar.

Under 1900-talet har potatisen fortsatt att vara ett viktigt livsmedel runt om i världen, även om vi idag fått betydligt fler middagsalternativ som pasta, bulgur och ris. Potatisen har också förädlats eller ska vi säga förfettats i populära rätter som chips och pommes frites. Detta extra frityrlager har förvandlat potatisen från en nyttig och näringsrik basföda till skräpmat som är en bidragande orsak till en växande ohälsa av fetma i världen. Om van Gogh skulle ha målat *Potatisätarna* idag så skulle han förmodligen ha målat några soffpotatisar, bestående av en familj som sitter i soffan och ser på TV och har fredagsmys med chips, hamburgare och pommes frites.

För många äldre konstnärer framstår potatisen fortfarande som en viktig basföda. Som för den tyska konstnären Sigmar Polke som föddes i slutet av andra världskriget. I verket *Potatishuset* från 1967 har Polke skapat ett husskelett av träribbor, som han sedan klätt med potatisar. Det är ett minimalistiskt verk där de raka linjerna kolliderar med de organiska knölarna. Det är som om Polke vill säga att hus, hem och potatis hör ihop. Potatisen är liksom grunden för samhällets uppbyggnad.

I och med popkonsten på 1960-talet börjar bilden av potatisen att förändras. Roy Lichtensteins målning från 1962 visar en lyxigare variant av den alldagliga kokta potatisen, nämligen bakpotatisen. Med de amerikanska färgerna skildrar Lichtenstein en stiliserad röd potatis som ligger på ett blått bord, och i det ångande innandömet smälter en stor klick gul smör. Claes Oldenburg fortsätter med att gestalta potatisens historiska förvandling i skulpturen *French Fries and Ketchup* (1963). Det var också under 1960-talet som hamburgerkedjan McDonald's fick sitt stora genomslag. Visserligen hade man ätit friterad potatis och pommes frites tidigare, men det var under 1960-talet som snabbmatskedjorna började sin stora etableringsvåg i USA och med tiden puttade ut den kokta potatisen från matbordet i förmån för de maskingjorda, strömlinjeformade och oljefriterade stripsen.

Den tyska konstnären Thomas Rentmeister har använt sig av en del onyttiga ingredienser i sin konst. Han har till exempel gjort tavlor och skulpturer av Nutella och installationer med potatischips. År 2006 placerade han en stor hög med chips mitt på gallerigolvet och året därpå fyllde han golvet i ett galleri med tunna potatischips. Rentmeister arbetar med prefabricerade objekt som han använder som byggklossar för att skapa geometriska skulpturer och installationer. Potatischipsen blir för Rentmeister ett byggmaterial som kan användas för att bygga upp olika geometriska former i rummet.

Förutom sin mångsidiga användning som livsmedel har potatisen också en del intressanta kemiska egenskaper. Många av oss har provat på att göra ett potatisbatteri. Man stoppar helt enkelt in en kopparspik och en förzinkad spik i en potatis och ansluter sedan två ledningar från spikarna till en lampa för att få den att lysa. Den argentinska konstnären Victor Grippo, som tillhörde Arte povera-rörelsen och umgicks med konstnärer som Lygia Clark and Helio Oiticica, gjorde under 1970-talet serien *Analogía* (Analogy). Verken i serien består av ready-mades, som i *Energy of a Potato* där han helt enkelt gjort ett potatisbatteri som han kopplat till en voltmeter. I andra verk i den här serien har Grippo seriekopplat flera potatisar för att få ut mer ström.

Precis som i många andra länder är potatis en viktig basföda i Sydamerika, och Grippo vill i *Analogía* synliggöra den potentiella energi som finns lagrad i en potatis. Äter vi den får vi naturligtvis energi, men det finns även en annan form av energi i form av elektrisk ström som slumrar i potatisens inre.

Man kan översätta det till oss människor. Inom oss har vi en potential eller en energi att skapa eller förändra något bara man kan aktivera och koppla ihop den på rätt sätt. En människa skapar visserligen bara en liten förändring, men om vi seriekopplar oss som potatisar och samarbetar, då kan vi skapa en större energi som kan användas för att förverkliga en idé.

Att potatisar fascinerar konstnärer och betraktare kan ha att göra med att det är en av de första konstnärliga uttryck som vi stöter på i livet. Visserligen förmanar alltid föräldrar sina barn att inte leka med maten, men det tycks finnas ett undantag och det är potatis. Att dela en potatis på mitten, skulptera ut en form, färga in den och sedan göra ett färgtryck på papper har de flesta gjort på dagis. För många stannar det där och potatisen återgår till att vara ett baslivsmedel, medan andra fastnar för det konstnärliga uttrycket och blir konstnärer som fortsätter att skapa potatiskonst även i vuxen ålder.

Skor, kängor och stövlar i konsten

Längs kanten av Davidshallsbron i Malmö står det nitton par skor. Skorna är gjorda i brons och tillhör verket *Way to go*, en offentlig installation av konstnären Åsa Maria Bengtsson.

Varje par är förknippat med en känd artist med anknytning till Malmö. Här hittar man till exempel Nils Poppes kängor, Git Gays pumps och Edvard Perssons tofflor. Skorna ska förstås hedra artisterna och påminna om deras betydelse för Malmös nöjes- och kulturliv. Men för oss som har sett på film och läst att många i Japan som tar livet av sig genom att hoppa från byggnader eller broar först brukar ta av sig sina skor, för oss skapar konstverket lite blandande känslor när vi ser alla dessa kvarlämnade skor på bron med vattnet som strömmar där nere.

Det finns även ett minnesmärke i Budapest med ett snarlikt formspråk som förstärker intrycket av att övergivna skor symboliserar frånvaro och saknad. Det är skulptörerna Gyula Pauer och Can Togays minnesmärke över förintelsens offer vid Donaus kaj. Sextio par rostiga skor i järn står uppradade längs kajen. Verket invigdes 2005 och har namnet *Skor vid Donaus strand*. På kajen hittar man alla sorters skor, från barnskor till damskor och sportskor. Skorna ska påminna oss om att ingen, oavsett kön, ålder eller utbildning undkom förintelsen. Tillsammans med konstverket finns en 40 meter lång stenbänk och tre minnesplattor med text på ungerska, engelska och hebreiska som lyder: "To the memory of the victims shot into the Danube by Arrow Cross militiamen in

1944–45". Arrow Cross var ett nationalsocialistiskt parti som dödade 15 000 judar och romer i Ungern och deporterade 80 000 personer till nazisternas koncentrationsläger.

Skor och fötter kan ha en stark symbolisk innebörd. Man brukar tala om att vi människor lämnar fotavtryck efter oss i historien. Idag pratar vi mycket om vilka ekologiska- eller klimatavtryck vi lämnar till eftervärlden genom vår påverkan på miljön, men redan för 3,6 miljoner år sedan lämnade två människoliknande varelser efter sig fotavtryck när de gick genom blöt aska från ett vulkanutbrott vid Laetoli i Tanzania. Laetoliavtrycken är de äldsta kända fotavtryck som vi lämnat ifrån oss på jorden. Även det fotavtryck som astronauten Neil Armstrong gjorde på månen den 20 juli 1969 kommer att finnas kvar efter en miljon år eftersom det inte finns någon vind på månen som kommer att sudda ut det.

I konsthistorien finns det också många konstnärer som har målat av skor. Vincent van Gogh målade under sin tid i Paris 1886-87 några stilleben med skor. Det är ganska mörka, brunmurriga tavlor som visar välanvända kängor i olika positioner. Förmodligen vardagsskor som konstnären själv använde och som låg nära till hands att använda som motiv för en fattig konstnär.

Surrealisten René Magrittes skor är däremot mer fantasifulla. En av hans mest kända målningar heter *Den röda modellen* (1934). Mot en bakgrund av ett omålat träplank står ett par nakna fötter i gruset, eller är det ett par skor? Magritte låter de nakna fötterna förvandlas vid anklarna till ett par kängor så det blir en slags symbios av fot-sko. Var den röda modellen har tagit vägen kan man också fråga sig? I ett annat verk av Magritte, *Philosophy in the Boudoir* från 1947, ser vi också ett par fot-skor, här är det frågan om ett par högklackade svarta skor som börjar som vanliga tår men sedan förvandlas till skor precis som i målningen *Den röda modellen*.

Några som sliter ut en hel del skor under sitt yrkesliv är balettdansare, vilket också betyder att de knyter en hel del skor. Edgar Degas är en av de konstnärer som gjort sig mest kända för att skildra balettlivet i konsthistorien. I flera av hans verk kan man se hur balettdansare knyter sina skor. Ett exempel är tavlan *Dansare knyter sina skor* från 1883. På målningen ser man fyra balettflickor sitta på var sin stol och knyter sina sandaler. Att fötterna är balettdansörens viktigaste kroppsdel är något som den franska skulptrisen Félicie de Fauveau också ha tagit fasta på i sin marmorskulptur av den österrikiska ballerinan Fanny Elsslers högra fot från 1847. Skulpturen visar en del av vaden och den sandalklädda foten med tårna som tar spjärn mot en liten platta där en ros är synlig under hälen.

Rober Gobers skulptur *Untitled Leg* från 1990 är inte lika graciös som en ballerinas ben utan snarare besynnerlig. Ut från galleriets vägg sticker ett underben fram. Benet är klätt i bruna byxor, en hårig fotled sticker fram i glappet mellan byxbenet och strumpan och på foten sitter en brun lågsko. Om resten av personen finns bakom väggen eller om det bara är en kroppsdel kan man inte avgöra. Men bara med hjälp av benet och skorna kan man säga en hel del om personen.

Personen verkar vara en välvårdad man ur medelklassen, han har rena nya kläder och hans skor är nya och putsade.

Om man däremot ser ett par svarta Doc Martens kängor så tänker iallafall jag på punkare, skinheads och nazister. Det är skor som signalerar något våldsamt och farligt. Konstnären Peter Johansson har i flera olika projekt arbetat med den svenska nationalismen och försökt skapa en humoristisk självdistans till svenskheten. I flera av sina projekt har han hämtat inspiration från Dalarnas folkliga kultur, från falukorv till kurbitsmåleri. När man målar kurbitsmotiv på röda militärkängor som Peter Johansson gjort så känns de inte så farliga längre. I verket *Böglådan* från 2003 har han placerat ett par av dessa kurbitskängor i en glaslåda. Kanske ska man se det som en känga mot nazisterna vars kära och farliga Doc Martens nu avväpnats och förvandlats till ett "bögigt" mode.

Varje tid har förstås sin egen tolkning av skor. Konstnären Christo, som slagit in det mesta från broar till riksdagshus, har förstås också packat in ett par skor. I verket *Utan titel* från 1964 slog han in ett par damskor i tyg och virade ett snöre runt paketet. Popkonstnären Andy Warhol som började sin karriär inom reklambranschen på 1950-talet med att göra reklam för kvinnoskor utvecklade med åren nästan en skofetisch. På 1980-talet skapade han en sko-serie som bestod av silkscreentryck av damskor i olika färger sprayade med diamantdamm, ett damm som blir över när man slipar industridiamanter. Marurice Cattelan, känd för sina skämtsamma och provocerande skulpturer, har förstås skapat en annorlunda skoskulptur. Det var år 2009 han trädde en svart gummistövel över ett modellhuvud. Skulpturen är en blandning mellan latexfetisch och en oväntad kombination, en stövel som sitter på huvudet istället för på foten.

Den japanska konstnären Chiharu Shiota som arbetar med installationer där minne och historier står i centrum, har i flera verk använt sig av vardagsobjekt som hon sammanbinder i ett nät av trådar. I några av sina installationer har hon använt sig av skor. I Japan skapade hon verket *Over the Continents* där hon samlade in 4000 skor och över 1000 handskrivna lappar med minnen från skornas ägare. Från varje sko gick en röd garntråd upp i taket. För Shiota är skor ett slags andra skinn, en identitet som berättar en historia om dess ägare. För det är nästan att man känner sig som en annan person om man tar på sig någon annans persons skor.

I filmen *The Cobbler* (2014) är det precis vad som händer huvudpersonen. Adam Sandler spelar en fjärde generationens skomakare som upptäcker en magisk symaskin i affärens källare, som gör att när han lagar någon persons skor och sedan tar på sig dem så blir han den personen. Filmen fick urusel kritik, men Platon skulle nog ändå säga att en skomakare ägnar sig åt en betydligt högre konstform än konstnären som målar av ett par skor. Det beror på att konstnärens avbild befinner sig betydligt längre bort från idévärldens begrepp om en sko än en skomakares sko. Utan skomakare skulle det inte heller finnas några skor för konstnären att måla av.

Platon skulle nog också säga att det egentligen skulle ha varit den italienska futuristen Giacomo Ballas skomakare som skulle ha skänkt Balla ett par skor, för att förklara vad konst är, och inte tvärtom. Ballas skomakare hade nämligen frågat konstnären vad futurismen handlade om, så Balla gjorde, runt 1920, ett par skor, eller snarare trämallar av skor, på vilka han skrev och förklarade vad futurismen var och gav dem till skomakaren. Men vad kan en konstnär lära en skomakare om skor och konst? Inte så mycket om man ska tro Platon.

Skomakaren har iallafall fått vara med på ett hörn i konsthistorien. Jean-Baptiste Greuze har visserligen skildrat skomakaren som en tvivelaktig figur i *Den fulla skomakaren* från 1785. På målningen ser det ut som om skomakaren nyss har kommit hem efter en krogrunda och möter sina barn och sin fru som sträcker fram sina händer och undrar var pengarna som de skulle köpa mat för har tagit vägen. Max Liebermanns porträtt av skomakaren i sin verkstad från 1881 ger därför en mer rättvis bild av detta uråldriga yrke. Böjd över sitt arbete sitter skomakaren och hans lärling på var sin stol vid fönstret och arbetar flitigt med sina beställningar. Kanske är det ett par kängor som någon konstnär har beställt och som konstnären sedan kommer att måla av.

Dr. Agnews bröstoperation

All cancer är inte rosa, även om det kan verka så i oktober då det arrangeras stora insamlingar och galor för att uppmärksamma bröstcancer. Hela oktober förvandlas till en rosa månad. Du kan köpa rosa band och andra rosafärgade produkter som ska stödja cancerforskningen. Bröstcancer är nu bara en av ungefär tvåhundra cancerformer som du kan drabbas av. Testikelcancer, tarmcancer, lungcancer, bukspottkörtel-cancer, hudcancer och blodcancer är några andra. Denna fokusering på bröstcancer i vår kultur är nu inte speciell för vår tid utan det visar sig att även konsthistorien till stor del är rosa.

År 2010 skrev cancerläkaren Siddhartha Mukherjee den gedigna faktaboken *Lidandets konung: historien om cancer*, som tilldelades Pulitzerpriset 2011. Författaren tar oss med på en resa från det gamla Egypten fram till idag och berättar utförligt om vårt förhållande till cancer och jakten på ett botemedel. Från en anteckning i ett pergament från 2500 f.Kr, där en egyptisk läkare under rubriken behandling av bröstcancer desillusionerat skriver "Det finns ingen", till den senaste forskningen inom stamceller och immunterapi som gjort det möjligt att bota många svåra cancerfall.

Arkeologiska fynd har bekräftat att redan de gamla egyptierna drabbades av bröstcancer. Sjukdomen betraktades då som obotlig och det enda läkaren kunde göra var att skära bort det skadade bröstet eller bränna bort tumörerna, det som inom medicinen kallas för kauterisation. Anledningen till att bröstcancer hamnat i fokus i litteratur och konst beror förmodligen på att tumörerna, om de inte behandlas, med tiden blir synliga för ögat, till skillnad från många andra cancerformer.

Cancerforskare har därför tittat närmare på olika konstverk för att kunna spåra förekomsten av bröstcancer i historien. Onkologen Francis Arena och konsthistorikern Tanya Manuali har gjort en sammanställning i boken *Reflections of the Breast, Breast Cancer in Art Through the Centuries* (2011). Ett exempel som plockas upp i boken är Michelangelos marmorskulptur *Natt* (1531) som finns i ett Medicikapell i Florens. Statyn är en av fyra med allegorier över dygnet (dag, natt, morgon och gryning). *Natt* visar en naken kvinna och det var den amerikanska cancerläkaren James Stark som tyckte att han i det vänstra bröstet kunde se spår av långt framskriden bröstcancer genom att iaktta oregelbundheter i bröstets utformning.

Även Raphael som var samtida med Michelangelo anses vara en av de första att avbilda långt framskriden cancer i målningen *La Fornarina* ("Bagarens dotter") (1519). Målningen visar en ung kvinna med bara bröst där hon håller sin högra hand runt det vänstra bröstet, vilket har tolkats som om hon döljer en cancertumör. Man har också påpekat att det vänstra bröstet verkar deformerat och förstorat. Personligen kan jag inte se någon skillnad mellan brösten, man ska kanske vara onkolog för att upptäcka dessa avvikelser.

Även den italienska kirurgen T.C. Greco har pekat ut Rembrandts målning *Bathsheba i badet,* som hänger på Louvren, som ett konstverk som visar på bröstcancer. Modellen, som var Rembrandts älskarinna Hendrickje Stoffels, uppvisade enligt kirurgen, på det vänstra bröstet, tydliga tecken på bröstcancer. Enligt historien dog Hendrickje efter en längre tids sjukdom, troligen i bröstcancer. Slutligen kan man också nämna Peter Paul Rubens *De tre gracerna* (ca.1635) där läkare har kunnat konstatera abnormiteter på en av modellernas bröst som tecken på bröstcancer.

Den heliga Agatha av Sicilien har blivit skyddshelgon för bröstcancer. Agatha var en kristen kvinna som led martyrdöden runt år 251. Hennes straff, som bland annat visas på en tavla av den italienska konstnären Sebastiano del Piombo från 1591, bestod av att hennes bröst skars bort av romarna. På Piombos tavla ser man Agatha i mitten flankerad av två män som med tänger håller på att knipsa av hennes bröst. Det är därför man på Francisco de Zurbarans målning av Agatha från 1633 ser hur helgonet står med ett metallfat i handen med två bröst upplagda på fatet. I många katolska länder finns det också en fruktbulle med glasyr, toppad med ett körsbär, som ska likna ett bröst och påminna om Agathas martyrskap. Att få brösten bortskurna kan verka som en grym handling men paradoxalt nog kan det också vara ett ingrepp som kan rädda dig från en säker död.

I mytens värld hittar vi det kvinnliga krigarsläktet Amazonerna, ett ord som ska betyda "utan bröst", eftersom Amazonerna skar av sitt vänstra bröst för att lättare kunna hantera en pilbåge. Ur ett onkologiskt perspektiv skulle man kunna tolka det som om kvinnorna i stammen bar på den ärftliga mutationen BRCA1 och BRCA2. Dessa högriskgener ökar risken för bröstcancer med upp till 80 procent, och som andra kvinnor med dessa gener opererade Amazonerna bort sina bröst i förebyggande syfte för att undvika cancer. Det finns förstås inga historiska belägg för detta påstående, men det är intressant att tänka sig myten om Amazonerna som en tidig preventiv åtgärd mot dödlig bröstcancer. I vår samtid kan man nämna en liknande krigare och en av Hollywoods mest kända action-hjältinnor, nämligen Angelina Jolie, som genomgick en preventiv bröstoperation 2013 eftersom det visade sig att hon bar på en av dessa högriskgener för bröstcancer.

Att operera bort det drabbade bröstet var länge det enda sättet att förhindra spridningen av cancern. Den amerikanska konstnären Thomas Eakins målade 1889 *The Clinic of Dr. Agnew*. Verket var ett beställnings-arbete för att hedra kirurgen David Hayes Agnew när han gick i pension. Målningen visar en anatomisk teater fylld med mörkklädda herrar som stirrar ner på scenen där ett team med vitklädda läkare står beredda att påbörja en operation. På operationsbordet ligger en ung kvinna med sina bröst blottade. Kirurgen Agnews med skalpellen i handen är just i färd med att påbörja en mastektomi, det vill säga en operation då man tar bort stora delar av bröstet på grund av cancer. Målningen fick en del kritik i sin samtid eftersom kritikerna ansåg att det objektifierade kvinnan. Kvinnan ligger hjälplös på en säng medan ett helt auditorium av män stirrade på hennes bröst. Å andra sidan får man hoppas att många av de närvarande var läkarkandidater som i framtiden kunde rädda många kvinnors liv genom att genomföra liknande operationer.

Marie Curie, som fick Nobelpriset i fysik 1903 för sin forskning kring radioaktiv strålning och grundämnet radium, lade i slutet av 1800-talet grunden för en ny form av behandling mot cancer. På Georges Chicotots målning från 1907 ser vi hur den nya tekniken med att använda strålning mot en tumör används. På operationsbordet ligger en kvinna med blottad byst och med en märklig apparat ovanför sitt bröst. I glasbehållaren ligger en bit radium som utsöndrar radioaktiv strålning, och bredvid står läkaren i vit rock och hög svart hatt med sitt fickur i handen och tar tid hur länge behandlingen ska pågå. Radioaktiv strålning sågs från början som ett mirakelmedel där tumörerna snabbt krympte, men snart visade det sig att det var ett dubbeleggat svärd eftersom strålningen i sig kunde leda till cancer, vilket Marie Curie fick erfara. Marie Curie dog 1934 av leukemi till följd av hanteringen av radioaktivt material, och hennes anteckningar och böcker förvaras idag i blylådor på grund av den strålning de fortfarande utsöndrar.

Även i den samtida konsten är det fortfarande bröstcancer som är i fokus, och av naturliga skäl är det kvinnliga konstnärer som skapar den. Det verkar överlag vara väldigt ont om internationellt kända manliga konstnärer som gör konst om cancer. Man kunde tycka att några verk om till exempel prostatacancer, som är den vanligaste cancerformen för män, borde dyka upp. I början av 1990-talet började det även dyka upp andra cancerformer än bröstcancer i konsten, men även då är det i första hand fråga om kvinnliga konstnärer som skildrar den.

Den brittiska fotografen Jo Spence började som reklamfotograf men sadlade sedan om till att arbeta med dokumentärt fotografi. När hon drabbades av bröstcancer 1982 vände hon kameran mot sig själv. I fotoserier som *Cancer Shock* och *Narratives of Disease* började hon intressera sig för hur sjukdomen påverkade hennes kropp och psyke. En av henne ikoniska bilder är ett svart-vitt foto där konstnären står med bar överkropp efter sin canceroperation med texten *Property of Jo Spence?* med svart tuschpenna skriven över det omplåstrade bröstet där tumören tagits bort. Är hennes bröst fortfarande hennes eget eller är det sjukvården och läkarna som tagit över kontrollen eller ännu värre cancern?

Jo Spences konstnärliga utforskning av cancer tog tyvärr inte slut med hennes bröstcancer utan 1990 drabbades hon av leukemi som skulle ta hennes liv två år senare. I fotoprojektet *The Final Project* skildrar hon sjukdomen i fotografier präglade av dödens närvaro, som när hon står framför en nygrävd grav på kyrkogården, som en föraning om vad som väntar.

Den amerikanska konstnären Hannah Wilke avled 1993 av lymfkörtelcancer. I hennes postumt utgivna konstverk *Intra-Venus* dokumenterar hon sin psykiska och kroppsliga förvandling från en levnadsglad medelålders kvinna till en skadad och resignerad individ efter tunga behandlingar med kemoterapi och den benmärgstransplantation hon genomgick. *Intra-Venus* är ett dubbelexponerat projekt då hon i verket väver in bilder av sin mamma, som drabbades av bröstcancer på 1980-talet, med sin egen sjukdom. Både Jo Spences och Hannah Wilkes konstprojekt kan verka mörka och dystra men statistiken talar dock sitt tydliga språk till cancerpatienternas fördel.

Cancerforskningen har gått framåt de sista hundra åren och idag kan många patienter botas eller få sina liv förlängda. Trots det är cancer en stor utmaning för sjukvården. Man räknar med att var tredje person någon gång i livet kommer att drabbas av cancer. Men det finns också något som är fascinerande med cancer. I sin historik över cancern uttrycker cancerläkaren Siddhartha Mukherjee en fascination för sin motståndare. Cancercellen är som oss fast mycket bättre. Det är en överlevare som hela tiden muterar och skapar mer livskraftiga generationer som varken vårt immunförsvar eller kemoterapi till sist rår på. Till skillnad från vanliga celler så verkar cancercellen sakna den mekanism som kontrollerar hur länge den ska leva, så cancerceller åldras inte utan kommer i princip att fortsätta dela sig i all evighet.

Människan har länge letat efter ungdomens källa. På 1500-talet då konstnären Lucas Cranach den äldre levde var det en vattenkälla. På målningen *Ungdomens fontän* från 1546 ser vi hur gamla och sjuka människor vallfärdar för att få bada och dricka ur ungdomens källa, som i Cranachs version är en bassäng med en fontän i mitten. När människorna kliver upp ur vattnet är deras sjukdomar botade och de har blivit yngre. Idag letar vi fortfarande efter ungdomens källa men snarare inom gentekniken och stamcellsforskningens områden. Kanske visar det sig att cancer i slutändan är ett mynt med två sidor, förutom sin potential att döda oss bär den kanske också på hemligheten till ett evigt liv.

Crowdfunding i konsten

En viktig tavla saknas i museets samlingar, men du har bara 15 000 kronor i kassan för att köpa in konstverket, som kostar 750 000. Så vad gör du? Idag skulle vi säga att lösningen heter crowdfunding. På 1950-talet kallade man det för nationalinsamling. Det var Nationalmuseet i Stockholm som ville komplettera sin samling av franskt 1700-talsmåleri med Antoine Watteaus oljemålning *Kärlekslektionen* (1717). För ändamålet startade man en nationalinsamling med tanken att många bäckar små skulle fylla pengakistan. Finansieringen lyckades (kanske för att man lyckades pruta ner priset till en halv miljon) och *Kärlekslektionen* hör idag till en av de mest berömda tavlorna i museets samlingar.

Det finns många exempel inom konsten där konstföreningar, vänföreningar eller olika grupper tillsammans hjälpts åt för att finansera konstinköp. I äldre tider var det främst enstaka personer som påvar, kungar och adelsmän som finansierade konsten. Ordet mecenat härstammar från den romerska statsmannen Maecenas som ekonomiskt understödde romerska diktare och konstnärer som Vergilius och Horatius. Familjen Medici i Florens tillhör en av historiens mest kända mecenater. Anledningen till att släkten var så frikostig berodde inte på någon osjälvisk altruism för kulturen utan som många andra mecenater i historien ville man bli ihågkommen till eftervärlden och framhäva sin egen betydelse i regionen.

Än idag förekommer det att rika personer och företag sponsrar konst och kultur, men det finns förstås en baktanke då som nu. Man vill förbättra sitt anseende, varumärket eller lämna ett avtryck i historien. Ingen sponsor vill förknippas med en utställning eller ett konstverk som kan upplevas som provocerande och som kan skapa skandal. Helst ska det vara konst som ger en feel good-känsla och skapar positiva effekter för företaget eller givaren.

Crowdfunding utgår istället från en gräsrotsnivå där små men många bidrag blir till stora summor om man har tur. Om ett crowdfundingprojekt lyckas beror förstås på om givarna tycker att ändamålet är tillräckligt intressant eller inte. Det kan verka som ett demokratiskt sätt att finansiera konsten på men det finns naturligtvis även en del farhågor med crowdfunding. Vilken typ av konst blir kvar på våra institutioner om man låter allmänhetens smak avgöra vad museum ska köpa in och bevara istället för att lyssna på experter på området? I boken *The Wisdom of Crowds* hävdar visserligen James Surowiecki att massan är smartare än några få. Det verkar fungera när man löser problem eller skapar uppslagsverk på nätet som Wikipedia, men hur är det när det handlar om subjektiva bedömningar som konst?

Det finns olika plattformar för crowdfunding på konstområdet, som den engelska Arfund.org. som driver "Art Happens". Art Happens lanserades sommaren 2014 och här kan godkända museum och gallerier lägga upp olika projekt som besökarna kan stödja. Det kan vara allt från att arrangera en ny utställning till att bevara eller restaurera olika delar av museets samlingar. Jerwood Gallery i East Sussex lyckades dra ihop nästan £30 000 för att producera en större utställning med Jake och Dinos Chapman under vintern 2014. Däremot lyckades inte galleriet Towner, som också ligger i East Sussex, att finansiera ett projekt med den österrikiska konstnären Hans Schabus. Bara 16 procent av beloppet som behövdes fick man in. En redan känd konstnär verkar göra det lättare för givarna att ge pengar.

Det är något som Royal Academy of Art i London kan skriva under på. De startade ett crowdfundingprojekt på Kickstarter där de ville samla in £100 000 för att göra en installation på innergården av den kända kinesiska konstnären Ai Weiwei hösten 2015. Installationen skulle bestå av åtta stora döda träd som stod i en cirkel kring en svart marmorfåtölj. När du deltar i ett crowdfundingprojekt så får du olika belöningar beroende på hur givmild du är. Om du skänkte £5 till Royal Academy of Arts fick du ditt namn på deras hemsida och så vinkade Ai Weiwies katt Garfield till dig, men om du skänkte £5 000 så blev du och fyra gäster inbjudna till den exklusiva öppningen av utställningen och du fick ditt namn på väggen vid ingången till utställningen. Insamlingen lyckades förstås med råge. Vem vill inte bidra till att en världsstjärna som Ai Weiwei kan ställa ut sin konst?

De flesta museer är beroende av statliga anslag. Så när staten börjar skära ner kulturbudgeten så kan det drabba konstmuseerna hårt. Man får då fokusera på att försöka bevara sina befintliga samlingar istället för att utöka dem. Det skedde i Frankrike för några år sedan. Louvren är ett exempel på hur man i Frankrike har använt sig av crowdfunding för att kunna förvärva nya viktiga föremål till samlingarna. 2014 började man samla in €1 miljon för att kunna köpa det historiskt betydelsefulla *Teschenbordet* från 1780 vars prislapp låg på €12,5 miljoner. Det unika hantverket och att bordet är prytt med juveler och ädla metaller trissar förstås upp priset. *Teschenbordet* som betraktas som en nationalskatt i Frankrike ingår nu, efter en lyckad insamling, i Louvrens samlingar.

Det är inte bara äldre konst som kan räddas, restaureras och köpas in genom crowdfunding utan det kan också användas för att finansiera samtida konst. Crowdfunding kan vara en bra lösning för icke-kommersiella aktörer och konstnärer som vill finansiera realistiska eller mer fantasifulla projekt.

Art Basel som är en årlig konstmässa som arrangeras på olika platser i världen startade 2014 ett crowdfundingprojekt i samarbete med Kickstarter. Här kunde icke-kommersiella aktörer från hela världen ansöka om att komma med i deras program. En jury valde sedan ut några av förslagen som blev presenterade för Art Basel och Kickstarters stora publik, och därmed fick konstnärerna möjlighet att förverkliga sina projekt. För det handlar förstås inte bara om att lägga ut en insamlingskampanj på nätet, utan för att lyckas måste man också kunna skapa uppmärksamhet och nå ut till en stor skara potentiella bidragsgivare.

Ett historiskt klimatmöte kan vara en sådan språngbräda för att nå ut. I samband med klimatmötet i Paris 2015 startade några konstnärer Kickstarterprojektet *Unbearable – Polar bear impaled by CO2Graph in Paris*. Man efterlyste bidrag på 66 000 kronor så att konstnären Jens Galschiot skulle kunna skapa en bronsskulptur av en isbjörn som blir spetsad på en graf som beskriver den alarmerande utvecklingen av koldioxidutsläpp på jorden. Statyn placerades sedan i Paris för att påminna alla världsledarna om att de måste agera för att rädda isbjörnarna och jordens klimat. Det verkar som om konstverket fick effekt. För de flesta länderna har nu ratificerat det historiska klimatavtalet som världens ledare godkände i Paris.

Ett mer fantasifullt crowdfundingprojekt är Mikael Genbergs *Månhus*, där konstnären planerar att bygga en typisk svensk stuga med vita knutar och röd fasad på månen. För att skapa en prototyp av konstverket efterlyste Genberg $250 000 på Kickstarter. Han lyckades endast samla in $5000 innan tidsfristen gick ut, så det återstår en mycket lång väg innan han kan finansiera hela projektet som beräknas kosta 15 miljoner dollar. Man kan jämföra Genbergs projekt med ett annat Kickstarterprojekt som hade ambitionen att bygga en riktig Death Star som den man ser i Star Wars-filmerna. Det projektet hade som mål 20 miljoner pund men lyckades "bara" få in 328 000.

Något blygsammare, och mer realistiskt, är då projektet *9 Towers* på Kivik Art Center. I skulpturparken på Österlen tänker man uppföra en skulptur av Sol LeWitt som kommer att bli fem meter hög och bestå av 4000 vita cementblock. Vem som helst kan nu hjälpa till att förverkliga konstverket genom att köpa en tegelsten som kostar 150 kronor styck. Hittills har man sålt drygt 3400 stenar så det ser ut som om konstverket kan börja byggas nästa år.

Det är många faktorer som avgör om ett crowdfundingprojekt lyckas eller inte. För det första måste det kännas angeläget och verka realistiskt, dels när det gäller tidsplanen men även rent tekniskt, måste det verka möjligt att genomföra i slutändan. Att det finns en seriös aktör bakom projektet och man har någon kändis som dragplåster underlättar också. Exklusiva och annorlunda belöningar gör att man känner sig utvald som bidragsgivare vilket lockar människor att bidra. Sedan handlar det mycket om marknadsföring och om att kunna sprida sin insamling till så många människor som möjligt från traditionella till sociala medier. Ett månhus låter förstås häftigt men inte speciellt realistiskt, och misslyckas därför, medan ett konstverk av Ai Weiwei kan vara både häftigt och genomförbart, och därför värt att satsa på.

www.ingramcontent.com/pod-product-compliance
Lightning Source LLC
Chambersburg PA
CBHW020452220526
45464CB00002B/956